铁路双线隧道带仰拱一次开挖及成套工装施工技术研究

赵前进　李平　王庆建　崔光耀　著

中国建材工业出版社

图书在版编目（CIP）数据

铁路双线隧道带仰拱一次开挖及成套工装施工技术研究/赵前进等著. --北京：中国建材工业出版社，2019.5

ISBN 978-7-5160-2521-5

Ⅰ.①铁… Ⅱ.①赵… Ⅲ.①铁路隧道—隧道施工—研究 Ⅳ.①U455

中国版本图书馆 CIP 数据核字（2019）第 047894 号

铁路双线隧道带仰拱一次开挖及成套工装施工技术研究
Tielu Shuangxian Suidao Daiyanggong Yici Kaiwa Ji Chengtao Gongzhuang Shigong Jishu Yanjiu
赵前进 李平 王庆建 崔光耀 著

出版发行：*中国建材工业出版社*
地　　址：北京市海淀区三里河路 1 号
邮　　编：100044
经　　销：全国各地新华书店
印　　刷：北京雁林吉兆印刷有限公司
开　　本：710mm×1000mm 1/16
印　　张：7.5
字　　数：180 千字
版　　次：2019 年 5 月第 1 版
印　　次：2019 年 5 月第 1 次
定　　价：48.00 元

本社网址：www.jccbs.com，微信公众号：zgjcgycbs
请选用正版图书，采购、销售盗版图书属违法行为
版权专有，盗版必究。本社法律顾问：北京天驰君泰律师事务所，张杰律师
举报信箱：zhangjie@tiantailaw.com　举报电话：(010)68343948
本书如有印装质量问题，由我社市场营销部负责调换，联系电话：(010)88386906

前　　言

　　玉磨铁路由玉溪西站起,经峨山、元江、普洱、景洪,止于勐腊边境口岸磨憨,出境后在老挝境内经琅勃拉邦接通老挝首都万象,通过万象—曼谷铁路连接泰国铁路网,并通过泰国铁路与马来西亚、新加坡相通,形成泛亚铁路中通道。玉磨铁路是泛亚铁路中通道的重要组成部分。玉磨铁路部分区段穿越破碎板岩地带,由于破碎板岩抗剪强度低,施工爆破及机械振动易发生失稳或变形坍塌现象,从而威胁施工安全、影响施工进度。破碎板岩铁路隧道安全、快速施工技术已成为影响玉磨铁路建设亟待解决的关键问题之一。

　　为提高玉磨铁路在破碎板岩地带的施工安全性及稳定性,本书依托玉磨铁路部分隧道工程,对破碎板岩的工程特征、破坏特征、蠕变特性、开挖工法及成套工装施工技术进行了系统研究,为玉磨铁路破碎板岩隧道的安全、快速施工提供技术指导,以期减少或杜绝铁路隧道破碎板岩段工程灾害的发生,保障隧道的施工安全,进而延长隧道的使用寿命,保证隧道运营安全。

　　本书在撰写过程中,研究生左奎现、王李斌、孟令瀚、纪磊等在文字整理方面付出了辛勤的劳动,在此表示感谢!

　　由于作者水平和能力有限,书中疏漏和不当之处在所难免,敬请广大读者批评指正。

著　者

2019 年 4 月

目 录

第1章 绪论 ·· 1
  1.1 研究背景 ·· 1
  1.2 工程概况 ·· 2
  1.3 工程特点及难点分析 ·· 11
  1.4 主要研究内容 ·· 13

第2章 板岩的工程特征及其破坏分析 ·································· 15
  2.1 软弱围岩的工程定义 ·· 15
  2.2 软弱围岩的地质特征 ·· 16
  2.3 破碎板岩的工程特征 ·· 16
  2.4 破碎板岩的力学理论 ·· 17
  2.5 破碎板岩的破坏分析 ·· 19
  2.6 本章小结 ·· 23

第3章 破碎板岩的蠕变特性 ·· 25
  3.1 破碎板岩的蠕变特性 ·· 25
  3.2 破碎板岩的蠕变本构模型 ·· 30
  3.3 本章小结 ·· 35

第4章 铁路双线隧道带仰拱一次开挖工法特性研究 ·············· 36
  4.1 玉磨铁路双线隧道开挖工法选择 ································· 36
  4.2 三台阶带仰拱一次开挖工法特性 ································ 39
  4.3 两台阶带仰拱一次开挖工法特性 ································ 57
  4.4 全断面带仰拱一次开挖工法特性 ································ 67
  4.5 本章小结 ·· 75

第5章 监测方案及数据反馈分析 ······································ 77
  5.1 监测方案 ·· 77
  5.2 监测反馈 ·· 89
  5.3 本章小结 ·· 98

第6章 整体配套移动栈桥设备优化设计 ···························· 99

6.1 设计背景 ……………………………………………………… 99
6.2 整体配套移动栈桥的结构原理 ………………………………… 99
6.3 整体配套移动栈桥的设计参数 ………………………………… 101
6.4 整体配套移动栈桥的受力验算 ………………………………… 102
6.5 整体配套移动栈桥的施工工艺 ………………………………… 105
6.6 整体配套移动栈桥的作业组织 ………………………………… 105
6.7 整体配套移动栈桥的经济效果 ………………………………… 106
6.8 本章小结 ……………………………………………………… 108

第7章 研究结论 …………………………………………………… 109

参考文献 ……………………………………………………………… 111

第 1 章 绪 论

1.1 研究背景

玉磨铁路由昆玉铁路玉溪西站起,经峨山、元江、普洱、景洪,止于勐腊边境口岸磨憨,出境后在老挝境内经琅勃拉邦接通老挝首都万象,通过万象—曼谷铁路连接泰国铁路网,并通过泰国铁路与马来西亚、新加坡相通,形成拟议泛亚铁路中通道,玉溪—磨憨铁路是泛亚铁路中通道的重要组成部分。站前工程 YMZQ-3 标(玉磨铁路 3 标)位于云南省玉溪市新平县和元江县境内,作为玉磨铁路的一部分,它的建设对于充分发挥云南毗邻东南亚的区位优势,完善云南铁路网布局有着重要的意义和作用。然而在玉磨铁路的修建过程中,不可避免地会穿越板岩地带,板岩作为软岩中较常见的一种岩体,广泛分布于我国各省、自治区和直辖市。随着我国铁路大发展时代的到来,越来越多的板岩隧道出现在铁路工程中,因地质因素引起的稳定性及安全性问题在施工过程中出现的也越来越多。由于板岩抗剪强度低,施工中的爆破及机械震动容易使其失稳或发生变形坍塌,从而威胁施工安全和影响施工进度,施工成本也随之增大。从围岩变形角度分析,板岩隧道中经常出现以下力学现象:拱顶塌落、产生底鼓现象、掌子面失稳、围岩持续变形、初期支护变形严重等[1-3],部分病害如图 1-1 所示。板岩隧道工程的施工技术已成为困扰国内外地下工程界的一个重大问题。

(a) 初期支护开裂及钢拱架扭曲变形　　(b) 二衬边墙挤出开裂

 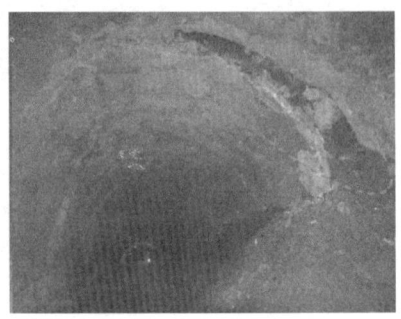

(c) 底鼓现象　　　　　　　　(d) 初期支护大变形

图 1-1　软岩隧道变形引起的隧道病害

为提高玉磨铁路在板岩地带的施工安全性及稳定性，本文以玉磨铁路工程为依托，对板岩的工程特征、破坏特征、蠕变特性、开挖工法及成套工装施工技术进行研究，优选出最佳施工方案，为玉磨铁路板岩隧道的修建提供指导，以期减少或杜绝隧道板岩地段隧道灾害的发生，保障隧道的施工安全，进而延长隧道的使用寿命，保障隧道运营安全。研究成果可为板岩隧道施工技术的发展提供参考。

1.2　工程概况

1.2.1　地理位置

新建玉溪至磨憨铁路位于云南省南部地区，玉磨铁路向北通过昆玉线进入昆明枢纽连接昆明，向南通过拟建中老铁路经琅勃拉邦至万象，继续南下经曼谷至新加坡，构成泛亚铁路的中通道。其中，站前工程 YMZQ-3 标位于云南省玉溪市新平县和元江县境内。工程地理位置如图 1-2 所示。

1.2.2　桥隧比例

YMZQ-3 标段线路全长 26.78km，主要以桥隧工程为主，其中隧道长度为 25380m，包括新平隧道（14835m）、立新隧道（5317m）、月牙田隧道进口至 2 号斜井终点（5048m）、田房隧道（180m）；桥梁长度为 1224.88m，包括立新寨四线特大桥（952.6m）、法土山双线大桥（185.25m）、扬武双线中桥（87.03m），标段内桥隧长度占标段总长的 99.4%。

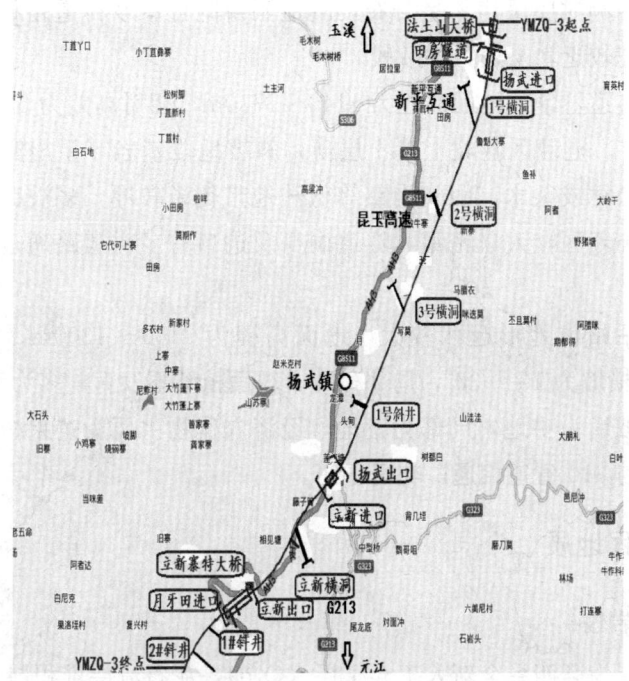

图 1-2 工程地理位置示意图

1.2.3 地形地貌

标段位于哀牢山中山区北东侧，属于构造剥蚀中低山地貌，受构造侵蚀作用，地形起伏大，地表沟谷纵横，构造十分发育。段内山峰高程一般为 1100～1946m，最高山峰为普毛渡，海拔为 1946m，最低点为清水河，海拔约为 980m，相对高差为 120～966m，自然横坡起伏大，为 10°～60°，局部为陡壁。区内属红河水系，主要由西北向东南奔流。沿线植被发育，多为灌木、松树等覆盖。沿线村庄多集中分布于河谷区，交通尚便利，本标段为路、桥、隧、站场均有的综合性工程。

新平隧道起于大开门河双线大桥，以隧道穿越鲁奎山、写莫村、扬武西，止于扬武中桥。地形左高右低，山间沟壑纵横，地面高程为 1150～1782m，相对高差约为 632m，隧道最大埋深约为 578m。隧道进口位于大开门河右岸，地形陡峻，交通条件差。洞身横向冲沟和地表植被发育，多为杂木，隧道出口地形起伏较小，交通条件好。

立新隧道隧址区地面高程为 1323～1642m，相对高差为 500m，自然横坡为 5°～60°，局部稍陡。地表植被发育，多为松林或杂木，平缓处被垦为旱地。沿线路两侧村庄民房零星分布，隧道洞身附近有乡村道路相通，进出口端与玉磨高速较近，交通条件一般。

月牙田隧道隧址区地面高程为1140～1710m，相对高差为570m，自然横坡为20°～35°。隧址区斜坡上覆土层薄，斜坡地段基岩零星出露。地表植被发育，多为松林或杂木，山间沟壑等低洼地带覆土较厚，多被辟为耕地。山边多为村寨集聚区，人口密集，隧道洞身及进口有乡村道路通过，交通条件一般。

立新车站站位地形起伏较大，地面高程为1160～1300m，相对高差为140m，自然横坡为10°～30°，局部稍陡。坡面植被不发育，多为灌木及杂草，平缓地段多被垦为耕地，局部为荒地，经济农作物主要为芒果树。标段内有公路、便道与310省道相通，交通方便。

1.2.4 工程地质

1. 地层岩性

沿线地层为第四系全新人工弃土层（Q_4q），泥石流层堆积层（Q_4sef）碎石土、块石土，坡崩积层（$Q_4dl+col$）碎石土，坡洪积层（Q_4dl+pl）粉质黏土，坡积层（Q_4dl+el）粉质黏土、角砾土、碎石土、块石土，坡残积层（Q_4dl+el）粉质黏土；下伏基岩为三叠系上统干海子组（T_3g）页岩、炭质页岩、砂岩夹煤层；前震旦系昆阳群绿汁江组（Pt_1lz）白云岩夹灰岩，鹅头厂群（Pt_1e）板岩夹灰岩、白云岩、大龙口组（Pt_1d）灰岩、白云岩夹板岩，富良棚组（Pt_1f）凝灰岩、板岩夹砂岩，黑山头组第六段（Pt_1hsf）板岩夹砂岩、黑山头组（Pt_1hs）板岩夹砂岩；断层角砾（Fbr）；晋宁期（$\beta\mu_2$）辉绿岩及断层角砾（Fbr）。

(1) 人工弃土（Q_4q）

以粉质黏土为主，硬塑状，夹碎石角砾，为公路施工弃渣，主要分布在D1K61+040～+080段，厚为3～8m，属Ⅲ级硬土，C组填料。

(2) 碎石土（Q_4sef）

黄褐色，潮湿，稍密，石质成分以板岩、砂岩为主，碎石含量为50%～60%，角砾含量约为25%，其余为砂及黏土填充。主要分布于D1K52+690～+710段隧道洞身地表表层，厚为0～7m，属Ⅲ级硬土，C组填料。

(3) 块石土（Q_4sef）

黄褐色，潮湿，稍密-中密，石质成分以板岩、砂岩为主，块石含量为

50%～55%，碎石角砾含量为15%～30%，其余为砂及黏土填充。分布于D1K50+500～+820段隧道洞身地表表层，厚为3～15m，属Ⅳ级软土，C组填料。

(4) 碎石土（$Q_4dl+col$）

黄褐、灰黄色，干燥，松散，石质成分以板岩、砂岩为主，碎石含量为50%～60%，角砾含量约为20%，其余为砂及黏土填充。主要分布于D1K46+556～+595段隧道洞身地表表层，厚为0～6m，属Ⅲ级硬土，C组填料。

(5) 粉质黏土（Q_4dl+pl）

黄褐色，硬塑，土质不均。主要分布于D1K58+300～+320段隧道洞身地表表层冲沟内，厚为0～5m，属Ⅱ级普通土，D组填料。

(6) 碎石土（Q_4dl+pl）

黄褐色，松散，稍密，石质成分以板岩、砂岩风化碎块为主，碎石含量为55%～65%，其余为砂及黏性土填充。主要分布于新平隧道1号横洞出口端沟槽，厚为0～10m，属Ⅱ级普通土，C组填料。

(7) 粉质黏土（Q_4dl+el）

褐黄色，硬塑状，土质不均，夹碎石、角砾。广泛分布于测区缓坡表层，厚为0～5m，局部稍厚，属Ⅱ级普通土，D组填料。

(8) 粉质黏土（Q_4dl）

褐黄色，硬塑状，土质不均，夹碎石、角砾。广泛分布于测区缓坡表层，厚为0～22m，局部稍厚，属Ⅱ级普通土，D组填料。

(9) 细角砾土（Q_4dl）

褐、褐灰、黄褐色，稍密，干燥-饱和，石质成分以石英砂岩为主，角砾含量为60%～65%，其余为砂及黏性土填充。主要分布于隧道大里程段斜坡浅表层，厚为0～20m，属Ⅱ级普通土，B组填料。

(10) 粗角砾土（Q_4dl）

灰褐、黄褐色，稍密，稍湿，石质成分以板岩为主，角砾含量为70%～75%，其余为砂及黏性土填充，主要分布于隧道小里程段斜坡浅表层，厚为0～10m，属Ⅲ级硬土，D组填料。

(11) 碎石土（Q_4dl）

灰褐色，中密，饱和，石质成分以页岩风化碎块为主，碎石含量为55%～65%，其余为砂及黏性土填充。主要呈透镜状分布于隧道大里程端斜坡5～7层内，厚为0～2.5m，属Ⅳ级软土，B组填料。

(12) 块石土（Q_4dl）

青灰色，稍密-中密，稍湿，石质成分以板岩为主，块石含量为65%～

75%，块径为6～9m，粗角砾含量约为15%，其余为砂及黏性土填充，主要呈透镜状分布于隧道小里程端斜坡5～7层内，厚0～2.5m，属Ⅳ级软土，B组填料。

（13）页岩、炭质页岩、砂岩夹煤线（T_3g）

灰黑色、灰白色，泥质结构，泥钙质胶结，薄层夹中厚层状，节理裂隙发育，岩质软。全风化带（W4）厚为2～15m，属Ⅲ级硬土，E组填料；强风化带（W3）厚为5～35m，属Ⅳ级软土，D组填料；弱风化带（W2）属Ⅳ级软土，D组填料；T_3g与Pt_1hs组呈断层接触，炭质页岩、煤层不能作填料。

（14）炭质页岩（T_3g）

灰黑色、页状层理，泥炭质结构，岩质软弱，受构造影响，岩层挤压变形严重。全风化带（W4），局部见微层理，呈硬塑黏土状，属Ⅲ级硬土，E组填料；强风化带（W3），层理清晰，勘探层岩芯呈土柱状，属Ⅳ级软土，E组填料。T_3g与Pt_1hs组呈断层接触。

（15）白云岩夹灰岩（Pt_1lz）

灰白色、白色、浅灰色，隐晶质结构，中厚层-块状构造，裂隙较发育，岩质较硬；强风化带（W3）厚为5m，属Ⅴ级次坚石，B组填料；弱风化带（W2）属Ⅴ级次坚石，A组填料。

（16）板岩夹灰岩、白云岩（Pt_1e）

灰色、浅灰色、灰绿色，夹灰白色、白色，板岩为泥质结构，薄-中厚层状，节理裂隙发育，岩质软；灰岩、白云岩为隐晶质结构，中厚层状构造，裂隙较发育，岩质较硬；全风化带（W4）厚为3～5m，属Ⅲ级硬土，D组填料；弱风化带（W3）厚为20～25m，属Ⅳ级软石，C组填料；弱风化带（W2）属Ⅳ级软石，C组填料。

（17）灰岩、白云岩夹板岩（Pt_1d）

灰白色、白色、浅灰色，隐晶质结构，中厚层-块状构造，裂隙较发育，岩质较硬；强风化带（W3）厚为5～30m，属Ⅴ级次坚石，B组填料；弱风化带（W2），属Ⅴ级次坚石，A组填料；Pt_1d与Pt_1f组为整合接触。

（18）板岩（Pt_1d）

浅灰色、砂泥质结构，薄-中厚层状构造，裂隙较发育，岩质稍硬；强风化带（W3）厚为5～30m，属Ⅳ级软石，C组填料；弱风化带（W2），属Ⅳ级软石，C组填料。

（19）凝灰岩、板岩夹砂岩（Pt_1f）

灰色、浅灰色、灰绿色，凝灰岩为凝灰结构，薄-中厚层状，裂隙发育，岩质较软；板岩为泥质结构，薄-中厚层状，节理裂隙发育，岩质软；砂岩为粉砂岩结构，薄-中厚层状构造。全风化带（W4）厚为5~15m，属Ⅲ级硬土，D组填料；强风化带（W3）厚为5~35m，属Ⅳ级软石，C组填料；弱风化带（W2），属Ⅳ级软石，C组填料；Pt_1d与Pt_1f组为整合接触。

(20) 板岩夹砂岩（Pt_1hsf）

板岩为黄绿、深灰色、泥质结构，板状构造，节理裂隙发育，岩质较软；砂岩为浅灰色，粉砂质结构；中厚-块状构造，裂隙较发育；全风化带（W4）厚为3~10m，属Ⅲ级硬土，D组填料；强风化带（W3）厚为5~35m，属Ⅳ级软石，C组填料；弱风化带（W2），板岩属Ⅳ级软石，C组填料，砂岩属Ⅴ级次坚石，B组填料。

(21) 断层角砾（Fbr）

颜色较杂，以断层角砾为主，成分为砂岩、板岩、灰岩等，分布于断层破碎带，具一定胶结性，属Ⅳ级软石，C组填料。

(22) 辉绿岩（$\beta\mu_2$）

浅灰绿色，辉绿结构，块状构造；全风化带（W4）厚为2~5m，局部较厚，属Ⅲ级硬土，C组填料；强风化带（W3）厚为2~10m，局部较厚，属Ⅳ级软石，B组填料；弱风化带（W2）属Ⅴ级软石，A组填料。

2. 地质构造

标段处于印度板块与欧亚板块碰撞缝合带附近之杨子亚板块、印之亚板块。新构造运动分区属滇中隆起区与滇西隆升区。管段线路位于"昆明系山字形"东翼之开元山字形构造与南北向构造小江断裂带的复合部位及"南岭纬向构造体系"的西延部分，区域构造现象极为复杂，构造走向总体以南北向，北东向为主。

新平隧道位于石屏-建水断裂（JSF6）和扬武-青龙厂大断裂间，断裂、断层及褶皱发育，主要穿越鲁奎山向斜、新寨背斜、新寨逆断层、大开门-新寨逆断层、写莫逆断层、扬武-赵米克逆断层及阿布都逆断层。

立新隧道位于石屏-建水断裂（JSF6）和扬武-青龙厂大断裂间，穿越仙人洞逆断层、底色莫逆断层、相见堂后山平移断层和立新断层。

月牙田隧道穿越他克推测逆断层、月牙田测层逆断层、马鹿汛断层。

3. 主要工程地质问题

(1) 标段内主要工程地质问题为滑坡、溜坍、岩溶、顺层偏压、岩堆、软岩大变形、断层破碎带等地质灾害，还会产生有害气体和放射性物质。

① 新平隧道不良地质为断层破碎带、瓦斯、岩溶、软岩大变形、浅埋段、顺层偏压、岩爆、高地温，及下穿国道施工。

② 立新隧道不良地质有断层破碎带、瓦斯、岩溶、顺层偏压、高温、下穿高速施工。

③ 月牙田隧道不良地质为断层破碎带、瓦斯、软岩大变形、滑坡体。

隧道内断层发育，与隧道正洞、平导或斜井道都有相交，详见表1-1隧道重大断层破碎带统计表。

表1-1 隧道重大断层破碎带统计表

隧道名称	序号	里程	长度(m)	地层	所属断层及简述
新平隧道	1	D1K49+620～D1K49+630	10	Pt_1d	新寨逆断层
	2	D1K50+640～D1K50+780	130	Pt_1d	大开门-新寨逆断层
	3	D1K53+760～D1K53+920	160	Pt_1d	写莫逆断层
	4	D1K57+040～D1K57+075	35	Pt_1d	扬武-赵米克逆断层
	5	D1K60+760～D1K60+820	60	Pt_1d	阿布都逆断层
	6	H3K0+615～H3DK0+765	150	Pt_1d	扬武-青龙厂大断裂
立新隧道	1	D1K61+242～D1K61+570	328	Pt_1lz	扬武-青龙厂大断裂
	2	D1K62+410～D1K62+520	110	Pt_1y	仙人洞逆断层
	3	D1K63+120～D1K63+240	120	Pt_1y	底色莫逆断层
	4	D1K65+550～D1K65+710	160	Pt_1e	马鹿汛逆断层
	5	D1K66+160～D1K66+220	60	Pt_1e	立新断层
月牙田隧道	1	D1K68+630～D1K68+680	50	Pt_1e	他克推测逆断层
	2	D1K70+080～D1K70+140	60		
	3	D1K71+320～D1K71+420	100	Pt_1e	月牙田测层逆断层

(2) 铁路沿线特殊岩土主要有膨胀土、人工弃土、腐蚀性岩土。

① 膨胀土：主要分布于立新隧道D1K61+235～D1K63+670可溶岩缓坡表层，厚为2～5m，局部稍厚。根据区域地质资料显示，该层具膨胀性，为弱膨胀土。施工中加强洞口仰坡、边坡防护及洞口围岩支护，工程基础应置于大气影响急剧层深度2.25m以下。

② 人工弃土：主要分布于立新隧道进口D1K61+235～D1K61+532段，厚为0～5m。人工弃土对隧道进口有一定影响，施工中应清除人工弃土或加强隧道进口的防护。

③ 腐蚀性岩土：月牙田隧道进出口及浅埋段有腐蚀性岩土，在隧区板岩、

辉绿岩在Ⅱ类环境下，有干湿交替作用，对混凝土结构有轻微的腐蚀性。

1.2.5 水文地质特征

1. 地表水

新平隧址属于红河水系，由于区内地形陡峭，地表水系发育较差。地表水主要为大开门河水，由隧道进口从南往东北流，汇入红河。洞身段内地表水不发育，仅D1K45+048沟谷有长流水，雨期流量约为2L/s，其余为季节性流水，其他沟槽均为季节性沟槽，受大气降水补给，受降雨控制较明显，雨期流量大，枯水季节干涸。

立新隧道地表水主要为山间沟水、塘水。山间沟水为季节性流水，流量受降雨控制明显，雨期流量大，枯水季节干涸，接受大气降水补给。

月牙田隧道地表水主要为山间沟水，山间沟水为常年性流水，山间冲沟平时干涸，雨后涨水。地表水主要受大气降水补给，部分为基岩裂隙水补给。地表水受降雨控制明显，雨期流量大，枯水季节水量小或干涸。

2. 地下水

沿线地下水主要为第四系松散岩类孔隙潜水、基岩裂隙水、断裂带水、岩溶水。

（1）松散岩类孔隙潜水

松散岩类孔隙潜水主要分布于河流沿岸阶地及山间盆地内，如大开门河、清水河、车致河、水葵河等地。主要含水岩组为第四系冲积、洪积的砂、砂砾石层。含水层厚度一般为5~20m，埋深一般为0.5~3.5m。富水性受岩性、地貌及补给条件控制，变化较大，一般可达100~1000m³/d。地下水化学类型多为HCO_3^-—Ca^{2+}·Mg^{2+}型或HCO_3^-—Ca^{2+}·Na^+型，pH值为5.5~7.6，一般可作为生活饮用水。

（2）基岩裂隙水

沿线基岩裂隙水包括碎屑岩裂隙水、变质岩裂隙水和岩浆岩裂隙水，一般不甚丰富，且受地质构造、岩性组合与地形地貌的控制，使各含水岩组的富水性差异较大。

根据水文地质资料与现场调查，沿线地层的富水性大致分为：

① 强富水性地层：包括三叠系中以砂岩、千枚岩、板岩等为主的富水岩段。泉流量一般为0.5~1.0L/s；地下径流模数一般为1~5L/(s·km²)；钻孔涌水量为300~1000m³/d。

② 中等富水性地层：包括三叠系、志留系中砂泥岩互层段，变质岩及侵入岩段。泉流量为 0.1～0.5L/s；地下径流模数一般为 5～1.0L（s·km²）；钻孔涌水量为 100～300m³/d。

③ 弱富水性地层：泥岩、页岩段，泉流量一般小于 0.1L/s；地下径流模数一般为 0.1～0.5L/（s·km²）；钻孔涌水量小于 100m³/d。

基岩裂隙水多为 HCO_3^-—Ca^{2+}·Mg^{2+} 型及 HCO_3^-—Ca^{2+} 型，pH 值为 6.5～7.5，水质大多良好。对混凝土一般无侵蚀性。

根据区域地质资料，三叠系上统路马组（T_3lm）、二叠系上统（P_2）地层含有煤线、煤层，志留系下统（S_1）、中下统（S_{1-2}）含有炭质板岩、炭质页岩。上述地层中的岩石与基岩裂隙水一般对混凝土结构具硫酸盐侵蚀、盐类结晶破坏，环境作用等级分别可达到 H_1、Y_1。

(3) 断裂构造裂隙水

本区断裂构造十分发育，且规模大，延伸远，形成特有的水文地质条件。地下水沿断裂带分布，水文地质条件复杂，各段不一，发育于脆性岩石的张性、张扭性断裂及其交汇带富水性较强，补给源面积大、水量丰富，泉点发育。断裂构造裂隙水对长、大隧道有不利影响。

(4) 岩溶水

区内碳酸盐岩呈夹层状、条带状小范围分布，富水性弱到中等，主要集中分布在三叠系、二叠系和志留系碳酸盐岩中，岩溶弱到中等发育，最大泉流量（暗河）可达 60L/s；地下径流模数一般为 1～5L/（s·km²）。

3. 隧道涌水量

根据设计资料显示，新平隧道全隧地下水正常涌水量为 $6.9\times10^4 m^3/d$，雨期最大涌水量为 $10.8\times10^4 m^3/d$；立新隧道全隧正常涌水量为 $4.2\times10^4 m^3/d$，雨期最大涌水量 $6.3\times10^4 m^3/d$。月牙田隧道全隧正常涌水量为 $1.8\times10^4 m^3/d$，雨期最大涌水量 $2.7\times10^4 m^3/d$。

1.2.6 气象特征

本标段属哀牢山系，主要山峰有 204 座，其中海拔超过 2000m 以上山峰 64 座，最高峰为县境北碧溪乡马路村大尖山，其海拔为 2279m。河流属红河水系，主要河流有大开门河、把边河、化念河、亚尼河、阿墨江、泗南三江、他郎河、布竜河、坝卡河、那卡河、杩木河，还有上千条支流小溪，海拔最低点为县境南部榄皮河阿墨江汇入李仙江处，海拔为 478.5m。

本标段是低纬度湿热山区，处于北回归线以南，太阳辐射强烈，光热资源丰富，据峨山气象站多年观测统计：全县年平均日照数为2161.2h，辐射总量为131.01kC/cm²；年平均气温为17.8℃，温度最高为6月，22.1℃，最低为1月，11.5℃；年平均降水量为1338mm，年平均降水日数116.6天；四季不明显，夏无酷暑，冬无严寒；干湿季分明，每年5～10月为湿季，降水量为全年的84%，11月至次年4月为干季，降水量仅为全年的16%。

1.3 工程特点及难点分析

1.3.1 工程特点

① 本标段以桥隧工程为主，长大山岭隧道及桥梁各工点施工场地布置困难、管理跨度大。施工场地布置及便道引入都比较困难，因峨山、新平、元江交通运输条件限制，各工点相距较远，管理跨度较大。

② 隧道地质条件复杂，工程风险高，施工难度大。管段内新平隧道、立新隧道、月牙田隧道、田房隧道基本以软岩为主，不可预见风险多，灾害性地质类型多。4座隧道不良地质包括断层破碎带、褶皱、瓦斯、岩溶、浅埋、软岩大变形、岩爆、高地温，预测涌水量大。特别是新平、立新、月牙田隧道，不良地质段落几乎涵盖了整座隧道，风险等级调整为Ⅰ级风险，施工过程中频繁遭遇溜坍、变形、涌突等不良地质灾害。

新平隧道设置6座横洞和1座斜井作为辅助坑道，立新隧道设置1座横洞和1座斜井作为辅助坑道，月牙田隧道设置2座斜井作为辅助坑道，各辅助坑道独头掘进及通风距离长，长距离反坡排水，施工管理难度大。

③ 本标段工期紧，需组织优势资源，加强现场管理和风险控制。结合目前施工情况及铁路总公司相关要求，新平隧道原计划2018年1月29日贯通，立新隧道原计划2018年6月8日贯通，月牙田隧道计划2019年4月21日贯通。根据建设单位要求本标段2020年7月份铺轨，新平隧道工期压力大，时间非常紧，隧道主体工程及无砟轨道都必须组织优势资源以提高施工效率，同时加强现场管理和风险控制，规避不良地质灾害发生，方能满足建设工期要求。

④ 桥梁施工技术难度及安全风险高。标段内包含立新寨四线特大桥、法土山双线大桥、扬武双线中桥，其中立新寨四线特大桥（48+3×80+48）m连续箱梁、法土山大桥（48+80+44）m采用边跨不对称块悬臂浇筑施工，

技术难度大。立新寨特大桥跨越既有昆磨高速及乡道，墩台及连续梁悬臂浇筑施工安全风险高；法土山大桥墩台均紧靠大开门1号滑坡、2号滑坡，该大桥锚固桩、墩台施工极易触动滑体，安全风险较高。

⑤沿线地材缺乏，材料保障难度大。管段内扬武、立新、月牙田、田房隧道均以软质岩为主，围岩破碎，不能利用洞碴来生产砂石料；而沿线峨山、新平、元江能满足铁路工程质量要求的石场很少，且运距远，产量低，难以满足施工需要，材料保障难度大。

⑥玉磨铁路是国家"一带一路"倡议的重要组成部分，高标准建设好玉磨铁路工程的社会意义重大。玉磨铁路向北通过昆玉线进入昆明枢纽连接昆明，向南通过拟建中老铁路经琅勃拉邦至万象，继续南下经曼谷至新加坡，构成泛亚铁路的中通道，是"一带一路"重要组成部分。高质量、高标准建好玉磨铁路能较好地起到引领、示范作用，体现中铁隧道集团专业局良好的形象，社会效益明显。

1.3.2 难点分析

新平隧道长14835m，由新平隧道0号横洞、1号横洞、2号横洞、3号横洞、5号横洞、6号横洞、1号斜井、出口8个工区负责施工。新平隧道0号横洞承担正洞2415m的施工任务，已完成1110m施工任务（小里程方向已经贯通），剩余1035m；1号横洞调整为1号平导，剩余平导施工任务605m，承担正洞施工任务930m；2号横洞工区承担正洞施工任务3410m（2号横洞正洞施工2440m，2号平导承担970m），已完成正洞施工任务560m，正洞小里程剩余988m，大里程剩余892m，剩余2号平导施工666m，2号平导正洞剩余970m；3号横洞承担正洞施工2411m，已完成正洞施工233m，小里程剩余1137m，大里程剩余1041m；5号横洞承担正洞施工800m（小里程360m，大里程440m），承担横洞施工592m，已完成横洞施工66m，剩余横洞施工526m；6号横洞承担正洞施工764m（小里程449m，大里程315m），承担横洞施工980m，已完成横洞施工138m，剩余横洞施工842m。1号斜井承担正洞施工2715m，已完成正洞施工469m，小里程剩余1263m，大里程剩余983m。出口承担正洞施工1390m，已完成正洞施工342m，剩余1048m。隧道为Ⅰ级风险隧道，地质条件复杂，频繁遭遇溜坍、变形、涌突等不良地质灾害。施工工期长，施工组织难度大，工期最长，控制标段工期为关键工程。

立新隧道全长为5317m，由立新斜井、横洞和出口负责施工。立新隧道主要穿越白云岩、灰岩、砂岩、板岩等强弱风化地层，以Ⅳ、Ⅴ级围岩为主，其中Ⅳ级围岩2625m，Ⅴ级围岩1417m，Ⅳ、Ⅴ级围岩占隧道总长的76%。隧道穿越5条断层，包括断层破碎带、褶皱、岩溶、瓦斯、顺层等不良地质，洞身范围含可溶岩地层达到2348m，最大涌水量为$6.3\times10^4 m^3/d$。施工过程中频繁遭遇溜坍、变形、涌突等不良地质灾害，施工安全风险高，不确定因素多，为本标段重难点工程。

月牙田隧道总长为6820m，管段内长为5048m，由1号斜井、2号斜井负责施工。1号斜井往小里程承担520m施工任务、顺坡施工，往大里程承担1740m施工任务，反坡施工；2号斜井往小里程承担1260m施工任务，顺坡施工，往大里程承担1528m施工任务，反坡施工。管段内月牙田隧道主要穿越板岩夹灰岩、碳质千枚岩、砂岩地层，洞身穿越3条断层，其中两次穿越他克区域性断层。构造裂隙水及（Pt_1e）含灰岩地层的岩溶水非常容易汇集往隧道工作面流通，设计预测最大涌水量为$2.7\times10^4 m^3/d$，施工时存在高度坍方、突水突泥及地表水流失等风险，为Ⅰ级风险隧道，为本标段重点工程。

立新寨四线特大桥长为952.6m，上部结构为（2×24+17×32）m简支T梁加（48+3×80+48）m连续箱梁。本桥跨越既有昆磨高速公路及乡道采用（48+3×80+48）m连续箱梁，23号墩、24号台紧邻既有昆磨高速公路路基，施工过程对高速公路运营干扰大，安全风险较高，各部施工时要做好安全支护及防护。另外，上部结构连续箱梁不对称块悬臂浇筑，技术控制要求高。立新寨四线特大桥工程量大，安全风险高、施工技术控制难度大，为本标段重点工程。

法土山双线大桥全长为185.25m，上部结构为（48+80+44）m连续箱梁，其1号主墩位于大开门2号滑坡左侧，2号主墩位于大开门1号滑坡右侧，桥梁基坑开挖及钻孔桩施工均容易扰动滑坡，安全风险较大。且上部结构连续箱梁采用不对称块悬臂浇筑，技术控制要求高，为本标段重点工程。

1.4 主要研究内容

本文以在建玉磨铁路隧道为依托，对铁路双线隧道三台阶带仰拱一次开挖及成套工装施工技术进行研究，具体研究内容如下：

① 从软弱围岩的地质特征、强度特征以及变形机制三个方面研究了不良地质环境对软弱围岩稳定性的影响，以及相应地质环境下隧道围岩易发生的变形或破坏情况。

② 通过天然状态下和不同含水状态下的单轴、三轴压缩蠕变试验，绘制

出不同含水状态下板岩的轴向应变时间曲线和侧向应变时间曲线，得出不同含水状态下的蠕变规律；参考已有的蠕变本构理论，采用改进的模型分析板岩的蠕变特性，计算板岩的蠕变参数。

③ 利用有限差分数值模拟软件，研究铁路双线隧道带仰拱一次开挖工法特性，以保证破碎板岩铁路双线隧道的施工安全性及稳定性。

④ 对铁路双线隧道仰拱栈桥设备的优化设计进行研究，提高隧道施工的便捷性及安全性。

第 2 章　板岩的工程特征及其破坏分析

2.1　软弱围岩的工程定义

目前，软弱围岩（简称软岩）大体上可以从三个方面定义，即地质学描述范畴、岩性指标范畴以及工程范畴，且各有其优缺点。其中，地质学描述范畴是从岩石强度、孔隙率、胶结程度、结构面发育、充填物等角度定义；岩性指标范畴是依据岩石的强度指标、塑性指标、孔隙率、渗透性指标等岩石力学指标定义；工程范畴则是从岩土体在工程力的作用下产生显著塑性变形的程度进行定义[4-6]。虽然从不同的角度定义，软岩的含义有所区别，但是其总体上都是指具有软、弱、松、散等低强度，且承受荷载能力差等特点的岩土体。影响软弱围岩强度的因素大致有以下三点：

（1）岩石强度低

我国相关规范及标准指出，岩石在饱和状态下的单轴抗压强度低于 30MPa 的称为软岩。软岩又可以分为三类，具体见表 2-1。

表 2-1　软岩的分类

软岩类别	特点	范围
未成岩的岩石	尚未固结	新第三系低固结、未固结的砂岩、泥岩
已风化的岩石	受风化作用强度降低	全风化的各类岩石及土
含有软弱矿物的岩石	结构面发育、泥质充填物	泥质岩组、含煤岩组、片岩组

（2）岩体破碎

地层构造运动会在岩体中形成节理、间隙、断层等结构面，即便对于一些坚硬的岩石，在结构面发育的情况下强度也会大大地降低，导致其稳定性变差。

（3）软弱围岩存赋环境差

软弱围岩的稳定性受水和地应力的影响比较大，在富水环境或高地应力环境下，软弱围岩的稳定性较差，易发生塌方、涌水等灾害。因此，存赋环境是影响软弱围岩稳定性的主要因素。在隧道工程中，软弱围岩一般属于Ⅴ级或Ⅵ级围岩，通常的初期支护无法满足抵抗该级别软弱围岩的变形要求，因此，必须对软弱围岩的变形控制采取有针对性的对策。研究软弱围岩的地质特征及其力学特征，可以为相应的支护设计和施工措施管理提供可靠的、有针对性的依据。

2.2 软弱围岩的地质特征

隧道的开挖施工使得软弱围岩应力重分布，软弱围岩会产生一定深度的塑性区。该区域的岩体容易发生拉、压破坏，产生大变形，引起支护破坏，甚至发生塌方。软弱围岩环境中的隧道施工，经常出现以下大变形或灾害情况[7-8]：

（1）拱顶崩塌。
（2）掌子面因失稳而崩塌。
（3）底板起鼓现象严重。
（4）边墙因长时间的持续变形不收敛，引起危险块体滑塌。
（5）拱脚下沉引起支护破坏。
（6）初期支护严重变形或破坏。
（7）在富水区域，隧道断面渗漏、涌水异常。

2.3 破碎板岩的工程特征

2.3.1 板岩的结构特点

板岩是变质岩的一种，是黏土质沉积岩或中性、偏酸性凝灰岩经过区域低温动力变质作用形成的。板岩属于富铝系列的变质岩，具备变余泥质结构和变余火山碎屑结构，在地质作用下形成节理、间隙、断层等结构面和软弱夹层，是岩体中受力最差的区域，强度较低，压缩性高，属于软岩的一种。软弱夹层在数量上虽然只占岩体中很小的比例，却是影响岩体稳定性的关键[9-10]。

板岩的岩性较为致密，节理常为板状，矿物成分中常含有散乱分布的长石、石英，但黏土矿物含量比重较大，如伊利石，其岩石的力学强度较好，变质程度较低。

2.3.2 板岩的强度

软岩中所含矿物成分的不同决定了其抗压强度和软化系数的大小。板岩中所含的矿物成分如石英或绢云母，矿物表面光滑，胶结能力较差，岩体之间的黏聚力（c）和内摩擦角（φ）较小，对外表现出较低的抗拉强度。此外，当赋存有地下水时，同样能够使得板岩中黏土矿物的胶结能力变差，导致软弱围岩的 c 降低，φ 减小。在施工过程中出现的岩爆、隧道开挖对软弱围岩的扰动和岩体卸荷等都会不同程度地对岩体的强度造成影响[11-13]。

由于板岩具有明显的层理结构，其抗拉强度在平行于层理面时较高，在垂直于层理面时较低。板岩强度和弹性模量随层理面变化曲线如图 2-1 所示。同时，在节理、裂隙等结构面的影响下，也会使软弱围岩的抗拉强度显著降低，当层理面具有镜面时，炭质板岩可能沿着层面滑移，造成掉块或产生滑移型大变形。

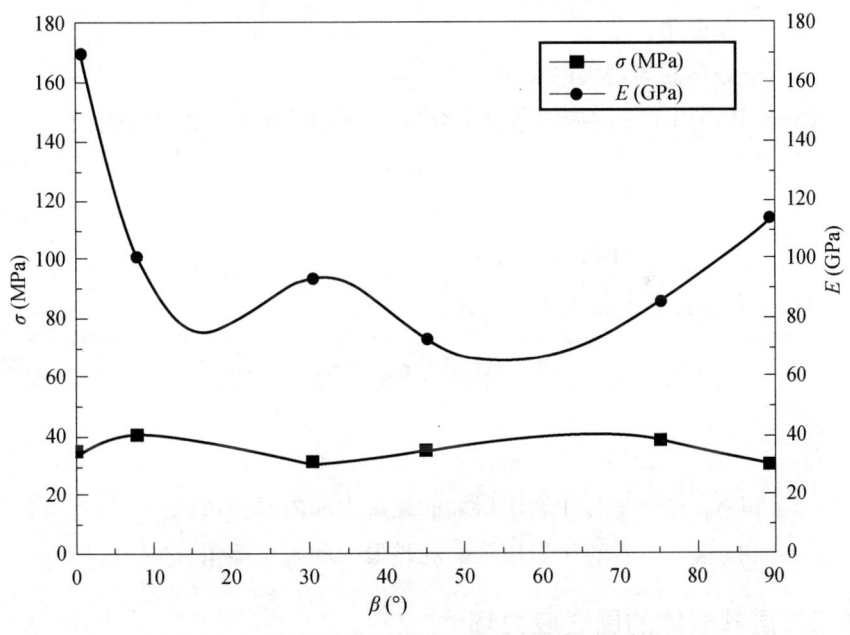

图 2-1　板岩强度和弹性模量随层理面变化曲线

2.4　破碎板岩的力学理论

2.4.1　层状岩体的本构关系

层状岩体是各向异性体，其变形特征颇为复杂。国内外研究学者对层状岩体的本构关系进行了深入的研究。Jeager 和 Tien 先后进行理论基础研究和试验研究，为后续的研究提供了一定的基础。刘运思等通过对 7 种不同层理角度下板岩进行单轴抗压试验测定 5 个弹性参数，并分析层理角度与破坏形式之间的关系。贾善坡等考虑岩块和节理面各自的物理力学性质基础上建立了岩体各向异性本构模型。黄书岭等在研究一组结构面的层状岩体模型的基础上建立了多组结构面的层状岩体多节理本构模型[14-16]。理论上，通常将层状岩体用横观各向同性岩体来分析，常采用摩尔-库仑准则来进行岩体破坏特征的分析。岩体剪切强度用式（2-1）表示。

$$\tau = c(\alpha) + \sigma \tan\varphi(\alpha) \tag{2-1}$$

式中　τ——破坏面上的剪应力；

　　　σ——正应力；

　　　c——黏聚力；

　　　φ——摩擦角；

　　　α——破坏面与岩层的夹角。

Attewell 得出了三向应力条件下黏聚力和内摩擦角的经验公式：

$$c = c_1 - c_2 \cos 2(\theta - \theta_0) \tag{2-2}$$

$$\varphi = \varphi_1 - \varphi_2 \cos 2(\theta - \theta_0) \tag{2-3}$$

式中，c_1、c_2、φ_1、φ_2 均为未知常量。

而张玉军也提出了相应的表达式：

$$c = \frac{\theta}{\pi}(c'_{\max} - c'_{\min}) + c'_{\min} \tag{2-4}$$

$$\varphi = \frac{2\theta}{\pi}(\varphi'_{\max} - \varphi'_{\min}) + \varphi'_{\min} \tag{2-5}$$

式中　$c'_{\max}$ 和 $\varphi'_{\max}$——平行于岩层层面的黏聚力和内摩擦角；

　　　$c'_{\min}$ 和 $\varphi'_{\min}$——垂直于岩层层面的黏聚力和内摩擦角。

2.4.2　层状岩体的围岩应力场

不考虑体力时，横观各向同性岩体在极坐标下的平衡方程为：

$$\begin{cases} \dfrac{\partial \sigma_\rho}{\partial \rho} + \dfrac{1}{\rho}\dfrac{\partial \tau_{\rho\varphi}}{\partial \varphi} + \dfrac{\sigma_\rho - \sigma_\varphi}{\rho} = 0 \\ \dfrac{1}{\rho}\dfrac{\partial \sigma_\varphi}{\partial \varphi} + \dfrac{\partial \tau_{\rho\varphi}}{\partial \rho} + \dfrac{2\tau_{\rho\varphi}}{\rho} = 0 \end{cases} \tag{2-6}$$

式中，σ_ρ，σ_φ，$\tau_{\rho\varphi}$ 分别是径向正应力、环向正应力和剪应力。

物理方程为：

$$\begin{Bmatrix} \varepsilon_\rho \\ \varepsilon_\varphi \\ \varepsilon_z \\ \gamma_{\varphi z} \\ \gamma_{\rho z} \\ \gamma_{\rho \varphi} \end{Bmatrix} = \begin{bmatrix} S_{11} & S_{12} & S_{13} & & & \\ S_{12} & S_{11} & S_{13} & & & \\ S_{13} & S_{13} & S_{33} & & & \\ & & & S_{44} & & \\ & & & & S_{44} & \\ & & & & & S_{66} \end{bmatrix} \begin{Bmatrix} \sigma_\rho \\ \sigma_\varphi \\ \sigma_z \\ \tau_{\varphi z} \\ \tau_{\rho z} \\ \tau_{\rho \varphi} \end{Bmatrix} \quad (2-7)$$

式中，S 为柔度系数，可表示为：

$$\begin{cases} S_{11} = \dfrac{1}{E_1}, \ S_{12} = -\dfrac{\mu_1}{E_1}, \ S_{13} = -\dfrac{\mu_2}{E_2} \\ S_{33} = \dfrac{1}{E_2}, \ S_{44} = -\dfrac{1}{G_2}, \ S_{66} = -\dfrac{1}{G_1} \end{cases} \quad (2-8)$$

式中　E_1，G_1，μ_1——分别为平行于横观各向同性面的弹性模量、剪切模量和泊松比；

E_2，G_2，μ_2——分别为垂直于横观各向同性面的弹性模量、剪切模量和泊松比。

2.5　破碎板岩的破坏分析

2.5.1　板岩的滑动性破坏分析

关于层状岩体的变形破坏特征和发生位置的研究，最具有代表性的见表 2-2、表 2-3、表 2-4。

表 2-2　岩层产状与隧道稳定性的关系

岩层走向与隧道轴向的夹角	0°～30°		30°～70°		70°～90°		0°～90°
岩层倾角	20°～45°	45°～90°	20°～45°	45°～90°	20°～45°	45°～90°	0°～20°
洞顶	不利	一般	一般	一般	一般	最有利	最不利
边墙	一般	最不利	一般	不利	有利	一般	最有利

表 2-3　层状岩体隧道的变形破坏特征

地质特征	岩体类型	岩层走向与隧道轴线夹角	破坏特征
岩体坚硬完整、层间结合紧密	—	不受影响	稳定性较好

续表

地质特征	岩体类型	岩层走向与隧道轴线夹角	破坏特征
岩体坚硬、但发育有较多裂隙	巨块状	不受影响	主要受临空面块体的影响

表 2-4　层状岩体隧道的变形破坏特征

地质特征	岩体类型	岩层走向与隧道轴线夹角	破坏特征
层理发育，层间结合差	水平岩层	不受影响	顶板弯折破坏
	缓倾状岩层	[0°, 90°]	顶板弯折破坏
	陡倾状岩层	[0°, 25°]	洞壁岩体松动，发生滑动或倾倒
		[25°, 45°]	洞壁岩体略松动，发生外鼓
		[45°, 90°]	稳定性较好
	垂直岩层	[0°, 25°]	洞壁岩体略松动，发生外鼓
		[25°, 45°]	边墙破坏
		[45°, 90°]	稳定性较好

从表 2-4 可以看出，当岩层层理发育，层间结合差，且当岩层为陡倾状时，围岩稳定性最差，其中，当岩层走向与洞室轴向小角度相交时，影响最大，且破坏形式多为滑动破坏，多发生在洞室边墙处。

层状岩体滑动破坏的出现需具备三个条件[17-18]：

① 岩体中发育有较多裂隙。节理裂隙的发育是造成滑动破坏的基本条件，若岩层整体性好、强度高，则很难形成滑移环境。

② 层间结合差。层间结合的破坏是滑移破坏的必备条件。

③ 岩层倾角符合条件。即便①和②两个条件都具备了，若岩层倾角较小，结构面切割形成的块体也不会出现滑动趋势，岩体仍旧处在稳定状态。

经过计算得出层理面最易破坏时的岩层倾角公式为：

$$\alpha = 45 + \frac{\varphi_i}{2} \tag{2-9}$$

结合相关文献可知，内摩擦角一般为 $17°\sim27°$，则此时倾角为 $53.5°\sim58.5°$。

在实际工程中，滑动破坏的出现不具有突发性，一般是渐进出现的，因此，以掌子面的滑塌破坏形式为例，将板岩的破坏形式可以分为三个阶段[19-20]：

① 洞室开挖后，在应力重分布的作用下，当具备层理破坏条件时便发生破坏。

② 岩层中发育的节理裂隙和层间结合力的变差，洞顶若形成块体，在重力作用下便可能发生掉块。

③ 掉块的出现导致周围岩体的摩擦力减小，可能导致大范围的塌方，如图 2-2 所示。

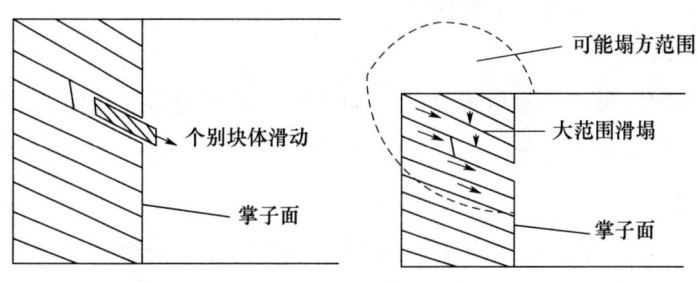

图 2-2　板岩隧道的破坏形式

2.5.2　破碎板岩稳定性分析

若岩层中节理裂隙特别发育或存在有断层破碎带使得岩体特别破碎，此时无法通过力学模型来进行稳定性分析。此时的岩体破碎，多利用连续介质力学的方法来进行研究。假设，隧道在扰动前的岩体已经处于稳定状态，那么在开挖的瞬间，隧道软弱围岩的应力集中符合弹性力学的规律，根据第三强度理论，当岩体满足式（2-11）时处于未屈服状态：

$$\sigma_1 - \sigma_2 \leqslant [\sigma] \tag{2-10}$$

假设隧道在静水压力下，施工后围岩的 $\sigma_1 - \sigma_2$ 值变为 $2\sigma_0$。基于传统塑性力学理论，隧道周边的应力状态为：

$$\begin{cases} \sigma_{\rho p} = \dfrac{R_b}{\xi - 1}\left[\left(\dfrac{\rho}{a}\right)^{\xi-1} - 1\right] \\ \sigma_{\varphi p} = \dfrac{R_b}{\xi - 1}\left[\left(\dfrac{\rho}{a}\right)^{\xi-1}\xi - 1\right] \end{cases} \tag{2-11}$$

式中　$\sigma_{\rho p}$，$\sigma_{\varphi p}$——分别为径向应力和环向应力；

R_b——软弱围岩的单轴抗压强度；

a——隧道半径；$\xi = \dfrac{1+\sin\varphi}{1-\sin\varphi}$。

塑性区范围：

$$\gamma_0 = a \left[\frac{2}{\xi+1} \frac{\sigma_0(\xi-1)+R_b}{R_b} \right]^{\xi-1} \quad (2\text{-}12)$$

将洞室软弱围岩的应力状态进行区分，如图 2-3 所示，对此 4 个区域的特点进行分析[21-23]：

（1）破碎区

隧道开挖之后在边墙一定区域内形成的丧失全部强度的岩体。此时若不及时进行系统支护便可能形成掉落。

（2）松动区

破碎区向内延伸一定区域即为松动区。该区域的岩体仍保留有一定的原岩应力，岩体保留一部分强度，此强度主要由松散岩体间的摩擦力产生。

（3）塑性压缩区

松动区向内延伸一定区域即为塑性压缩区。该区域受扰动程度更小，虽然该区域岩体已经进入塑性状态，但岩体的结合能力仍然较强。

（4）弹性压缩区

该区域受开挖扰动影响较小，在洞周应力释放过程中，一部分应力传递到该区域导致区域内应力增大，但仍处于弹性状态。

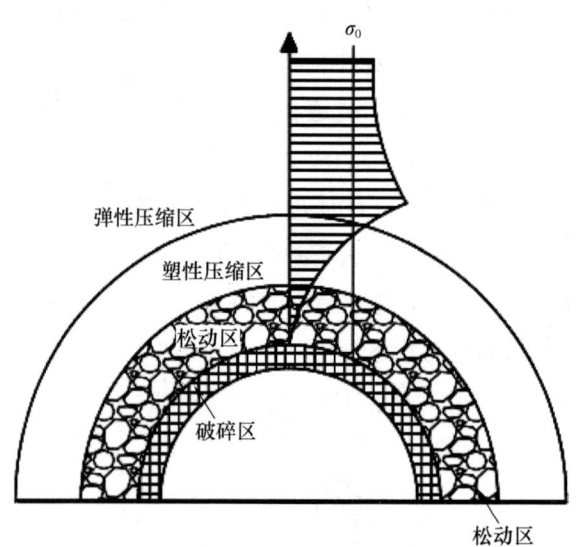

图 2-3 板岩隧道的破坏形式

通过 4 个区域破坏形式的分析可知，破碎板岩在开挖后极易出现破碎区，稳定性受到极大影响，若支护不及时或者支护方案不合理，必然导致破碎区松散岩体在自重作用下发生掉落，加上地下水的作用，掉块更容易产生。破碎板岩的破坏过程如下：

① 破碎区岩体掉落。因支护不及时或支护方案不合理导致岩体掉落，如图 2-4（a）所示。

② 因应力重分布或者地下水的影响，松动区松散岩体间的摩擦力逐渐减小甚至消失，导致此部分岩体成为松散岩体，如图 2-4（b）所示。

③ 松散区继续发展，各区向纵深发展形成一定的坍塌，如图 2-4（c）所示；若坍塌范围较大且无法达到稳定状态，则破坏区域将进一步扩展，如图 2-4（d）所示。

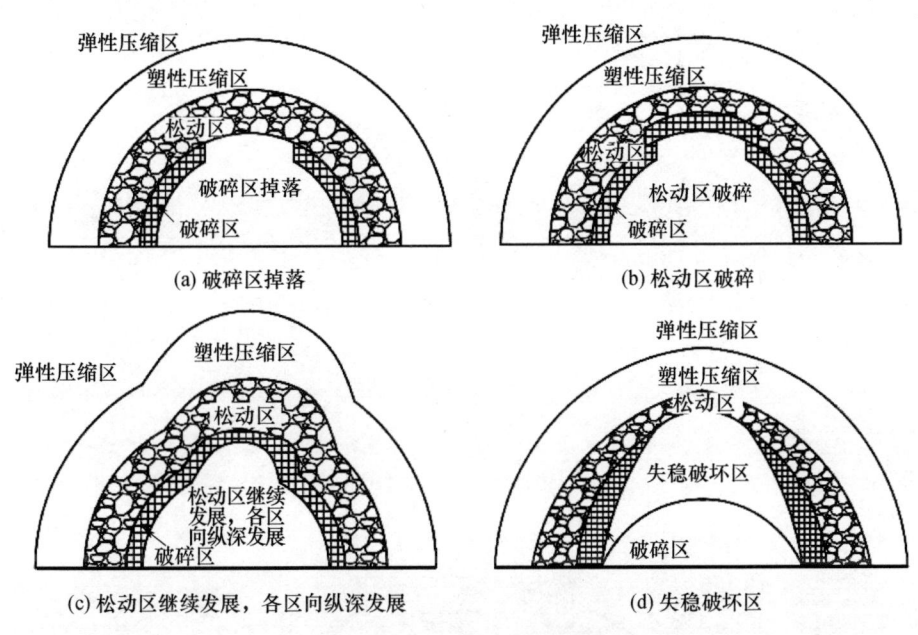

图 2-4 破碎板岩的塌方过程

2.6 本章小结

在现有研究成果的基础上，从软弱围岩的地质特征、强度特征以及变形机制三个方面研究了不良地质环境对软弱围岩稳定性的影响，以及相应地质环境下隧道软弱围岩易发生的变形或破坏情况。板岩具有明显的层理结构，其抗拉强度在平行于层理面时较高，在垂直于层理面时较低，板岩隧道岩层发生滑落的最不利倾角介于 45°至 60°之间，板岩的破坏一般是渐进出现的，以掌子面的滑塌破坏形式为例，其破坏形式分为应力重分布作用下的层理破坏、重力作用下的块体滑落、掉块导致的大范围塌方三个阶段。隧道开挖扰动软弱围岩应力重分布，导致软弱围岩从洞内向四周在径向上形成破碎区、松动区、塑性压缩区以及弹性压缩区，前三者组成松动圈，在不采取支护的情况下，依次发生连带破坏，松动圈继续向纵深发展。

第3章 破碎板岩的蠕变特性

3.1 破碎板岩的蠕变特性

3.1.1 试验仪器

岩石三轴蠕变试验在 MTS815 型材料试验机（图 3-1）上进行，纵向应变和环向应变用 MTS632.25C-20 型引伸计采集。试验机主要由主机（轴向加载框架、压力室）、轴向力加载装置、充液油源、气泵、计算机测控系统等部分组成。试验机最大轴向试验力为 2600kN，最大围压为 140MPa，框架刚度为 1100kN/mm。

图 3-1 MTS815 岩石三轴蠕变试验机

3.1.2 试验方案

为了研究板岩的蠕变特性，针对试验要求，选取 4 个标准试样，分别进行干燥状态下的单轴蠕变、三轴蠕变试验及不同含水状态下的三轴蠕变试验。

试验采用固定围压,轴向压力分三级进行加载,每级持续48h。试验过程采用试验力控制,保持轴向压力稳定误差为0.5%,侧向压力稳定为0.5MPa,采样点为1个/min。根据现场地应力以及围岩的强度,三轴蠕变试验时,围压主要控制在10MPa。试件的安装与加载如图3-2所示,具体试验方案见表3-1。

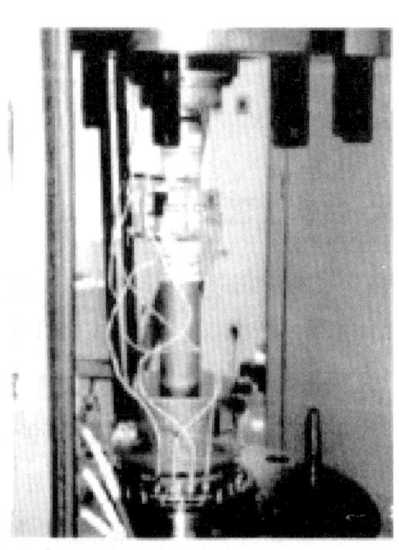

图 3-2 蠕变实验

表 3-1 试件加载方案

试件	围压 σ_1 (MPa)	加载应力 σ_1 (MPa)			含水率 ω (%)	备注
		1	2	3		
RB-1	0	15	25	35	0	干燥
RB-2	10	15	25	35	0	干燥
RB-3	10	15	25	35	0.49	浸泡 10d
RB-4	10	15	25	35	0.52	浸泡 15d

3.1.3 干燥状态下的蠕变特性

1. 轴向与侧向蠕变规律

干燥状态下板岩的单轴蠕变和三轴蠕变轴向应变与侧向应变曲线如图3-3所示。

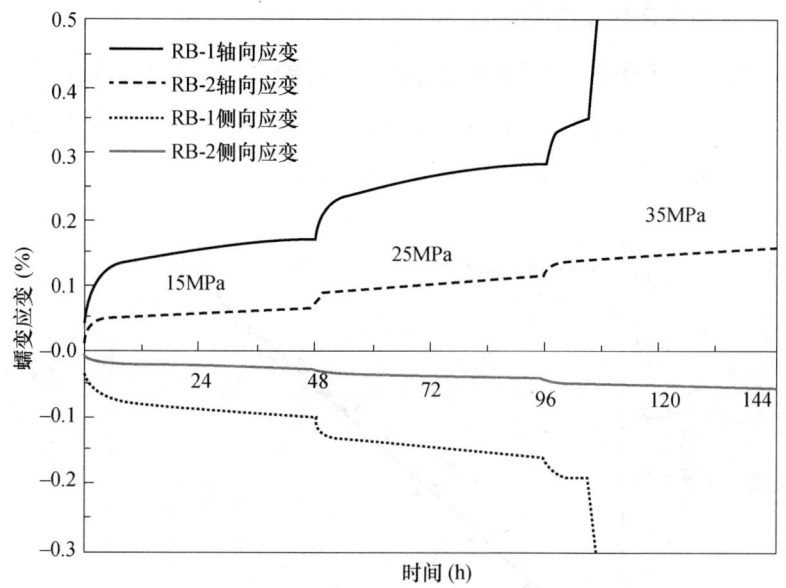

图 3-3　试件 RB-1 和 RB-2 的轴向应变与侧向应变曲线

从图 3-3 板岩蠕变过程曲线及试验曲线可以得出，板岩的轴向变形与侧向变形规律既有相同点，也有各自不同的特点：

① 每级荷载作用下，板岩的轴向和侧向都会发生瞬时应变与蠕变应变，瞬时应变对试件变形起绝对作用，大约占整个变形的 80%，且轴向应变较侧向应变大，约为 2~3 倍，该结论与文献的研究成果相符合。

② 每级荷载作用下，试件 RB-1 完成瞬时应变的时间分别为 4.8h、2.6h 和 2.3h，其变形量分别为 0.125mε、0.09mε 和 0.06mε，表明了试件的瞬时应变随着加载次数增加，其完成时间和变形量逐渐减小。

③ 正常情况下，岩体蠕变的全过程包括衰减蠕变、定常蠕变和加速蠕变三个阶段。试件 RB-1 随着加载应力的提高，轴向应变和侧向应变依次出现定常蠕变和加速蠕变，这是由于 15MPa 的轴压产生的应力大于发生衰减蠕变的极限应力 σ_s，所以不会发生衰减蠕变；试件 RB-2 只出现定常蠕变，反映了相同条件下，由于试件 RB-2 施加了围压，使试件的强度增大了，35MPa 的轴向荷载不足以使其产生加速蠕变。

④ 随着荷载的提高，轴向应变和侧向应变呈现近似直线的曲线增长变化，反映了试件内部微裂纹扩展形成宏观主裂纹的非线性过程，同时验证了前文得出的板岩具有各向异性的特点。

2. 轴向与侧向应变的关系

轴向应力的大小对岩体的蠕变变形特性有着至关重要的影响，不同应力作用下，轴向侧向应变显示出不同的规律。图 3-4 和图 3-5 分别为轴压为 25MPa 和 35MPa 时的侧向与轴向应变关系曲线图。

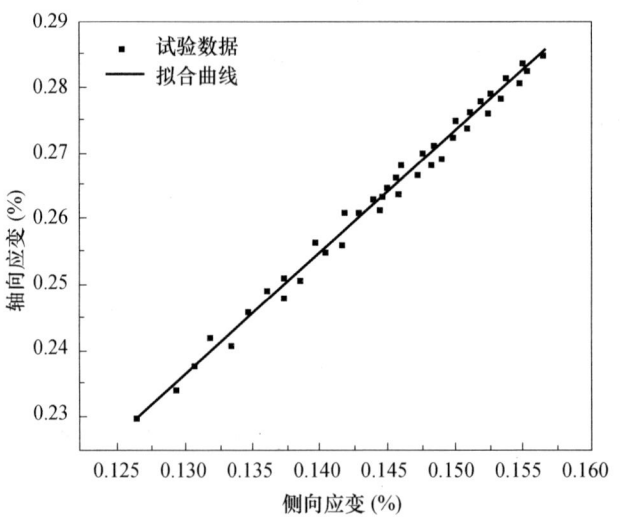

图 3-4　25MPa 时侧向-轴向应变关系

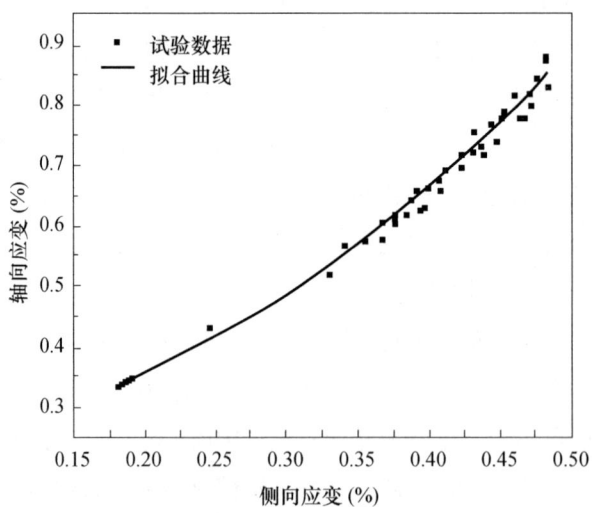

图 3-5　35MPa 时侧向-轴向应变关系

由图 3-4、图 3-5 可知，当轴向应力小于岩体的屈服应力时，其侧向应变与轴向应变呈线性增加关系，即 $\varepsilon_1 = k\varepsilon_3 + b$，这与文献所得的结论相符合，且文献认为轴向应力越大，k 值也越大；当轴向应力大于岩体的屈服应力时，其侧向与轴向应变呈指数关系变化，即 $\varepsilon_1 = k\exp(b\varepsilon_3)$。综上所述，随着轴向应力的增加，岩体的侧向与轴向应变的关系由线性增加向指数关系增加转变。

3.1.4 不同含水状态下的蠕变特性

不同含水状态下，围压为 10MPa 时，板岩的三轴蠕变轴向应变与侧向应变曲线如图 3-6 所示。

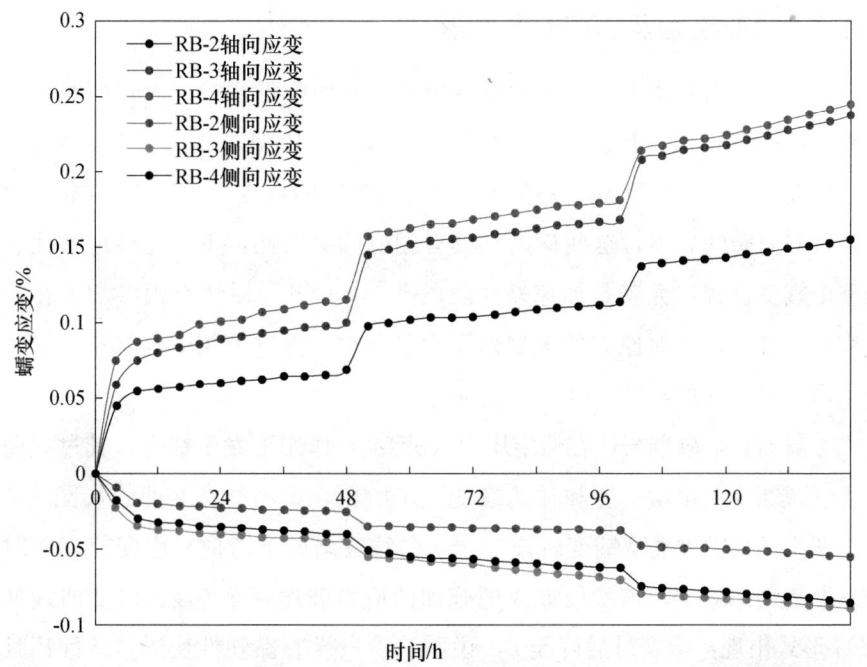

图 3-6 试件 RB-2、RB-3、RB-4 的三轴蠕变轴向应变与侧向应变曲线

由图 3-6 可知，围压为 10MPa 时，随着轴向应力的水平增加，试件干燥状态下、泡水 10d 和泡水 15d 时，轴向与侧向蠕变只发生定常蠕变，其大致规律与干燥状态下蠕变特性相似，且还包含以下特征：

① 随着含水率的增加，其轴向变形量和侧向变形量依次增加。如干燥状态下，轴向荷载为 25MPa 时，轴向应变为 0.571mε，侧向应变为 0.015mε；而试件泡水 10d 时，轴向应变为 0.068mε，侧向应变为 0.022mε。

② 泡水 10d 和泡水 15d 的轴向与侧向应变曲线近似接近，这说明了试件浸泡 10d 后大致饱和。

3.2 破碎板岩的蠕变本构模型

为求出岩体的蠕变参数，首先必须研究岩体的蠕变本构模型。岩体的蠕变本构模型主要体现了应力-应变与时间之间的数学物理方程模型，通过这一系列的模型可以求出岩体的蠕变参数。目前研究较多的模型为经验公式模型、积分模型和组合模型，本文根据板岩的特征，主要采用组合模型来研究板岩的蠕变特性。

3.2.1 蠕变模型及蠕变时效变形

目前，国内外学者对岩体的蠕变模型和时效变形进行了大量研究，取得了相应的研究成果，并提出了大量的蠕变模型，比如 Kelvin 模型、Maxwell 模型以及 Burgers 模型等，这些模型都具有相应的特点，适用于不同的岩体。然而针对复杂的岩体，这些模型都具有相应的局限性，不能完整地描述岩体的整个蠕变过程，尤其是加速蠕变阶段[24-25]。为此，后续有很多学者在前人研究的基础上，针对原有的模型做了大量研究，提出了相应的修正模型，解决了原有模型的局限性。

一般而言，软弱岩体在恒定压力（$\sigma=\sigma_0$）作用下发生蠕变，其过程曲线包含衰减蠕变、定常蠕变和加速蠕变三个阶段，典型的蠕变曲线如图 3-7 所示，图中 AB 段为衰减蠕变阶段，$\varepsilon-t$ 曲线逐渐向下弯曲，应变速率随时间的逐渐增加而减少，该阶段如果把施加的应力骤然降至 0，其应变曲线如图 EFG 形式出现，应变最后降至 0，说明该阶段没有黏塑性变形，试件还具备弹性，只发生了可恢复的弹性变形，其中 ε_{EF} 为加载应力时的瞬时弹性应变，FG 阶段曲线主要是弹性变形随时间滞后造成的；BC 段为定常蠕变，$\varepsilon-t$ 曲线趋向于直线形式，应变速率近似定常值，该阶段如果把施加的应力骤然降至 0，其应变曲线如图 HIJ 形式出现，最后还保持一定的应变变形，说明该阶段已经发生了黏弹性变形；CD 段为加速蠕变阶段，$\varepsilon-t$ 曲线呈指数逐渐向上弯曲，应变速率随时间逐渐增加最后导致蠕变断裂[26-29]。

经典 Burgers 蠕变模型是由 Maxwell 模型和 Kelvin 模型串联组合而成，如图 3-8（a）所示。该模型的蠕变曲线如图 3-8（b）所示。Burgers 蠕变模型的蠕变曲线与岩体加速蠕变之前的蠕变曲线相接近，因此，通过 Burgers 蠕变模型来研究板岩加速蠕变之前的蠕变变形特征。

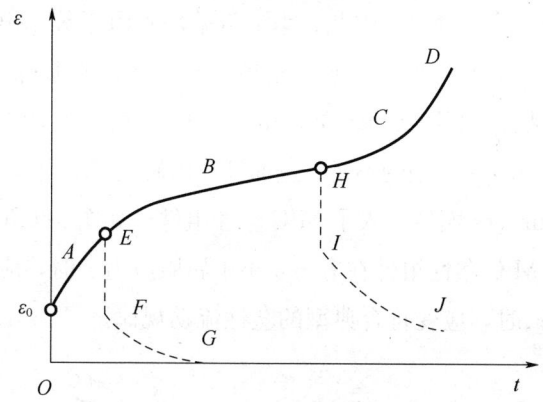

图 3-7 蠕变过程全曲线图

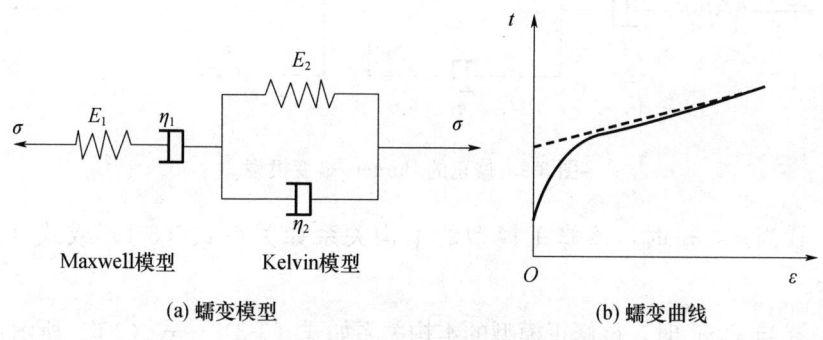

(a) 蠕变模型　　　　　　　　(b) 蠕变曲线

图 3-8 典型蠕变模型及其蠕变曲线

根据 Burgers 蠕变模型，试件在受恒定加载应力 σ_0 作用时，其轴向应变 $\varepsilon(t)$ 为：

$$\varepsilon(t) = \frac{\sigma_0}{E_1} + \frac{\sigma_0}{E_2}(1 - e^{-E_2/\eta_2 t}) + \frac{\sigma_0}{\eta_1} t \tag{3-1}$$

式中　E_1，E_2——分别为 Maxwell 模型和 Kelvin 模型弹性模量；

　　　η_1 和 η_2——分别为决定 Maxwell 模型迟延黏滞流动速率和 Kelvin 模型迟延弹性速率。

引入体积模量 K 后，公式（3-1）可转化成：

$$\varepsilon(t) = \frac{2\sigma_0}{9K} + \frac{\sigma_0}{3G_1} + \frac{\sigma_0}{3G_2} - \frac{\sigma_0}{3G_2} e^{-G_2/\eta_2 t} + \frac{\sigma_0}{3\eta_1} t \tag{3-2}$$

式中　K——模型的体积模量；

　　G_1 和 G_2——分别为控制迟延弹性剪切模量和弹性的数量。

由图 3-8（b）可得，Burgers 蠕变模型只能描述岩体破坏前的蠕变规律，不能描述岩土破坏的全过程。因此，本文将采用袁海平等提出的修正 Burgers 模型来研究板岩的蠕变特性，该修正模型主要是将经典 Burgers 模型和 Mohr-Coulomb 准则相结合，利用 Mohr-Coulomb 准则能够解决加速蠕变阶段的蠕变曲线过程，克服了 Buyers 模型的不足，进而计算出研究区域内板岩的蠕变参数。

修正后的 Burgers 模型引入了 M-C 塑性组件，如图 3-9 所示。根据 Mohr-Coulomb 准则，M-C 塑性组件在应力 σ 小于屈服应力 σ_s 时，应变为 0；当应力 σ 大于屈服应力 σ_s 时，应变符合典型的塑性流动规律。

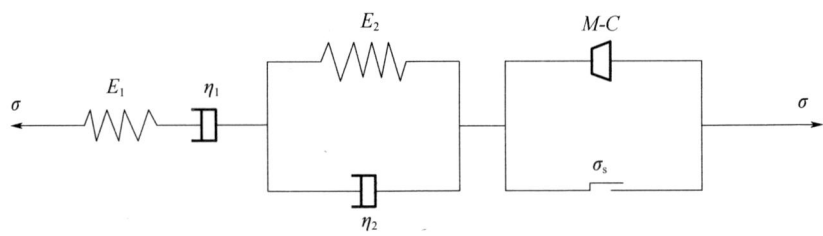

图 3-9 修正的 Burgers 蠕变模型

① 当 $\sigma<\sigma_s$ 时，该修正模型的本构关系如关系式（3-1）或式（3-2）所示。

② 当 $\sigma>\sigma_s$ 时，该修正模型的本构关系如式（3-3）～式（3-6）所示：

总应变率：

$$\bar{e}_{ij} = \bar{e}_{ij}^K + \bar{e}_{ij}^M + \bar{e}_{ij}^P \tag{3-3}$$

Maxwell 体：

$$\bar{e}_{ij}^M = \frac{\bar{S}_{ij}}{2G_1} + \frac{S_{ij}}{2\eta_1} \tag{3-4}$$

Kelvin 体：

$$S_{ij} = 2\eta_2\,\bar{e}_{ij}^K + 2G_2\,\bar{e}_{ij}^K \tag{3-5}$$

M-C 塑性组件体：

$$\bar{e}_{ij}^P = \lambda\,\frac{\partial g}{\partial \sigma_{ij}} - \frac{1}{3}\bar{e}_{\text{vol}}^M \delta_{ij} \tag{3-6}$$

式中

$$\bar{e}_{\text{vol}}^P = \lambda\left(\frac{\partial g}{\partial \sigma_{11}} + \frac{\partial g}{\partial \sigma_{22}} + \frac{\partial g}{\partial \sigma_{33}}\right) \tag{3-7}$$

体积行为由式（3-8）所示：

$$\bar{\sigma}_0 = K(\bar{e}_{vol} - \bar{e}_{vol}^P) \tag{3-8}$$

③ 屈服准则。Mohr-Coulomb 屈服准则是 $f=0$，其包络曲线包含剪切和拉伸两种情况，公式如下：

a. 剪切屈服：
$$f = \sigma_1 N_\varphi - \sigma_3 + 2c\sqrt{N_\varphi} \tag{3-9}$$

b. 拉伸屈服：
$$f = \sigma_1 - \sigma_3 \tag{3-10}$$

式中　c——黏聚力；

　　　φ——内摩擦角；

　　　$N_\varphi = (1+\sin\varphi)/(1-\sin\varphi)$；

　　　σ_t——抗拉强度；

σ_1，σ_3——分别为最小主应力和最大主应力。

势能函数 g 的计算公式如下：

a. 剪切破坏：
$$g = \sigma_1 - \sigma_3 N_\phi \tag{3-11}$$

b. 拉伸破坏：
$$g = -\sigma_3 \tag{3-12}$$

式中　ϕ——试件的剪胀角；

　　　$N_\phi = (1+\sin\phi)/(1-\sin\phi)$；且关联流动时 $\phi=\varphi$，非关联流动时 $\phi=0$。

3.2.2 模型参数的确定

M-C 体材料的黏聚力 c、内摩擦角 φ、抗拉强度 σ 和剪胀角 φ 通过试体的常规单三轴压缩试验确定。在计算模型蠕变参数的过程中，假定各常规物理量在 σ 作用下保持不变，且满足方程式（3-2）。根据图 3-8（b），当时间 t 不断增加时，此时应变速率近似保持不变，蠕变曲线近似为直线，因此有：

$$\varepsilon(t) = \frac{2\sigma_0}{9K} + \frac{\sigma_0}{3G_1} + \frac{\sigma_0}{3G_2} + \frac{\sigma_0}{3\eta_1}t \tag{3-13}$$

设 d 为蠕变曲线与其渐近线直接的垂直距离，则可得：

$$\ln d(t) = \ln\left(\frac{\sigma_0}{3G_2}\right) - \frac{G_2}{2.30259\eta_2}t \tag{3-14}$$

根据式（3-13）可以求出 σ 应力状态下的 G_2 和 η_1，同理，根据式（3-14）

可得 η_2。

体积应变：

$$K = \frac{\sigma}{3(\varepsilon_1 + 2\varepsilon_3)} \tag{3-15}$$

3.2.3 板岩蠕变参数的确定

按照上述蠕变参数的确定方法，对板岩的蠕变曲线进行拟合，试件 RB-2 和 RB-3 拟合结果如图 3-10 和图 3-11 所示。

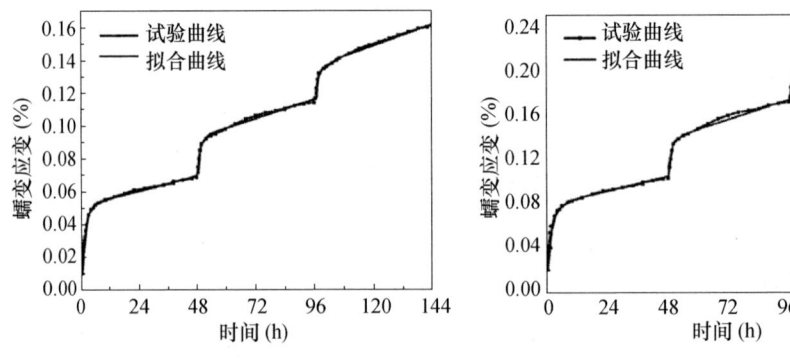

图 3-10 试件 RB-2 蠕变拟合曲线　　　图 3-11 试件 RB-3 蠕变拟合曲线

运用改进的 Burgers 蠕变本构模型，计算出板岩试件的蠕变参数，见表 3-2。

表 3-2 板岩的蠕变参数

试件编号	轴向应力（MPa）	G_1（GPa）	G_2（GPa）	η_1（GPa/h）	η_2（GPa/h）	K（GPa）
RB-2	15	8.37	2.77	259	1.81	9.86
	25	7.77	2.25	248	1.41	9.78
	35	8.01	2.28	261	1.52	9.19
RB-3	15	6.89	1.85	265	2.58	11.26
	25	7.25	2.04	296	3.09	10.08
	35	7.08	1.83	288	2.68	9.88
平均值		7.56	2.49	270	2.57	10.01

由图 3-10、图 3-11 和表 3-2 结果可知，拟合的精度较高，各参数的上下波动不大，具有很好的可靠性，但是，由于研究区域岩样的不均匀性以及板

岩试样数量的限制，上述参数的取值有待进一步验证。

3.3 本章小结

通过对板岩的蠕变试验，得出以下结论：

① 干燥状态下采用分级加载时，每级荷载作用下，板岩的轴向和侧向都会发生瞬时应变与蠕变应变，瞬时应变对试件变形起绝对作用，大约占整个变形的 80%，且轴向应变较侧向应变变形大，为 2～3 倍。

② 当轴向应力小于岩体的屈服应力时，其侧向应变与轴向应变呈线性增加关系，即 $\varepsilon_1 = k\varepsilon_3 + b$；当轴向应力大于岩体的屈服应力时，其侧向与轴向应变呈指数关系变化，即 $\varepsilon_1 = k\exp(b\varepsilon_3)$。

③ 随着含水率的增加，其轴向变形量和侧向变形量依次增加；泡水 10d 和泡水 15d 的轴向与侧向应变曲线近似接近，表明了试件浸泡 10d 后大致饱和。

④ 在总结经典蠕变模型的基础上，通过分析对比，本文采用修正的 Burgers 模型计算研究区域的蠕变参数，为后续的数值计算分析奠定基础。

第 4 章 铁路双线隧道带仰拱一次开挖工法特性研究

4.1 玉磨铁路双线隧道开挖工法选择

4.1.1 施工灾害情况

玉磨铁路 3 标，新平、立新、月牙田 3 座隧道均为Ⅰ级高风险，区内包括与隧道平行间距很近的扬武-青龙厂区域性大断裂，并伴生许多未探明的次生断裂纵横切割洞身。地质构造极为复杂，洞身断裂、褶皱、节理极其发育，岩体极为破碎，遇水泥化严重，施工过程中频繁遭遇溜坍、涌突和变形等不良地质灾害，施工难度大。

（1）突水、涌泥（砂）

开工以来，隧道发生突水、涌泥（砂）25 次，涌泥（砂）量约为 30000m³，最大一次涌突量为 8000m³，最大水量约为 419m³/h。涌突情况如图 4-1 所示。

图 4-1 典型涌突

(2) 溜坍、漏砂

围岩破碎，施工中松散围岩极易发生失稳。新平隧道、立新隧道、月牙田隧道施工过程中都发生了不同程度的溜坍现象，开工至今累计发生溜坍300余次，溜坍量约为35000余立方米。溜坍情况如图4-2所示。

图4-2 典型溜坍

(3) 支护体系变形

新平隧道、立新隧道、月牙田隧道各工作面在支护完成后，支护系统出现不同程度的沉降和收敛，变形周期长、数量大，最大沉降达1000mm。支护体系变形如图4-3所示。

图4-3 支护体系变形

4.1.2 工法选择

为防治施工过程的系列地质灾害，支护应尽快封闭成环，建议采用带仰拱一次开挖工法进行施工。

(1) 三台阶带仰拱一次开挖工法简介（Ⅴ级围岩）（图4-4）

① 上、中台阶与下台阶及仰拱施工同时装药起爆，同时装运出碴，并将仰拱初期支护与下台阶初期支护一并施作。

② 仰拱采用40m全配套移动栈桥施工，仰拱填充混凝土与下一组仰拱钢筋可以平行作业，互不冲突，有效地提高了仰拱施工进度，并能确保安全步距不超标。

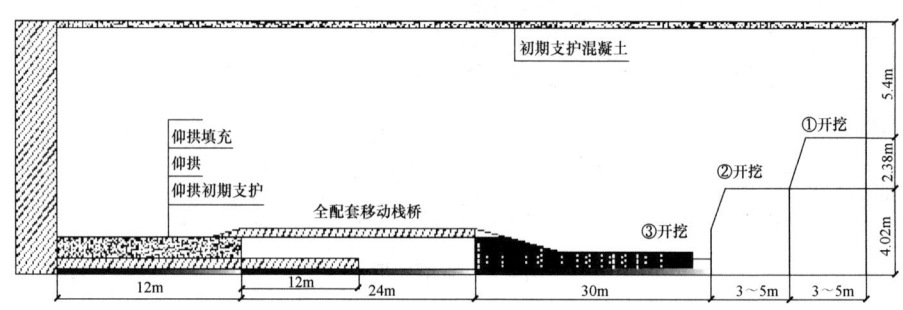

图4-4 三台阶带仰拱一次开挖工法

(2) 两台阶带仰拱一次开挖工法简介（Ⅳ级围岩）（图4-5）

① 上台阶、下台阶及仰拱同时打眼、装药，下台阶及仰拱先爆破，修路退台架后，上台阶爆破，上下台阶同时立拱，下台阶及仰拱初支喷混凝土完成后，上台阶开始喷混凝土。

② 仰拱施工与三台阶仰拱施工工法一致，采用40m全配套移动栈桥施工。

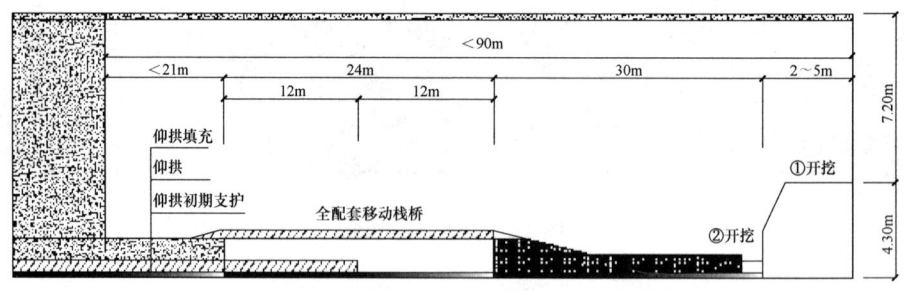

图4-5 两台阶带仰拱一次开挖工法

(3) 全断面带仰拱一次开挖工法简介（Ⅲ级围岩）（图4-6）

采用全断面台架对仰拱和掌子面同步开挖，再回填仰拱，仰拱部位钻眼作业较仰拱单独开挖时作业空间增大,利于底板眼外插角的精度控制,能有效提升仰拱开挖成形的质量;仰拱和掌子面可同时跟进,减少了对围岩的二次爆破扰动。

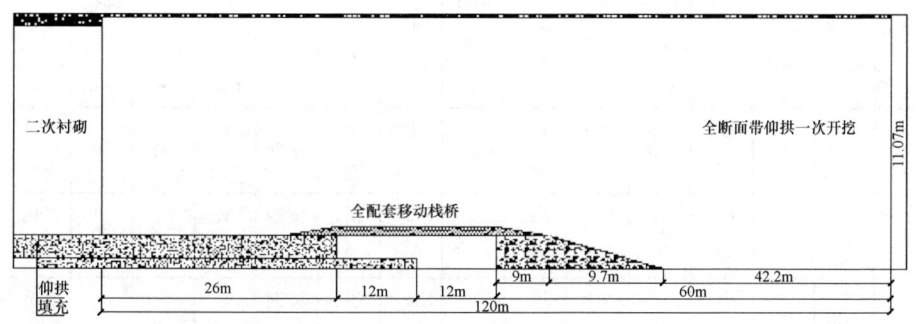

图 4-6　全断面带仰拱一次开挖工法

4.2　三台阶带仰拱一次开挖工法特性

4.2.1　工程概况

(1) 地质情况

本研究依托于玉磨铁路新平隧道(D1K46+290~D1K60+780)。新平隧道穿越岩层主要为远古界前震旦系(Pt_1)地层,这套地层岩性较复杂,岩层主要为前震旦系昆阳群绿汁江组 Pt_1lz 白云岩夹灰岩,鹅头厂组 Pt_1e 板岩夹灰岩、白云岩,大龙口组 Pt_1d 灰岩、白云岩夹板岩,富良棚组 Pt_1f 凝灰岩、板岩夹砂岩,黑山头组 Pt_1hs 板岩夹砂岩。本段研究基于立新隧道 D1K58+950~D1K59+000 段(Ⅴ级围岩)展开有限差分数值模拟。

(2) 结构设计

此段隧道结构为复合式衬砌,马蹄形断面,跨度为 12.82m,高度为 10.56m。隧道复合衬砌设计参数见表 4-1。本研究初支主要采用挂网喷射 C25 混凝土支护,厚度为 25cm,二衬采用 C25 模筑钢筋混凝土,厚度为 50cm。

表 4-1　Ⅴ级围岩复合衬砌设计参数

衬砌类型	喷射混凝土		钢筋网			锚杆			钢架			二次衬砌		
	施作位置	厚度(cm)	设置部位	钢筋规格(mm)	网格间距(cm)	设置部位	锚杆长度(m)	间距(m)	设置部位	钢架类型	纵向间距(m)	拱墙厚度(cm)	仰拱厚度(cm)	主筋(mm)
V_a	拱、墙、仰拱	25	拱、墙	$\phi 8$	20×20	拱、墙	3.5	1.2×1.0	拱、墙	格栅	0.8~1.0	50	50	20@200
V_b		27	拱、墙	$\phi 8$	20×20	拱、墙	3.5	1.2×1.0	拱、墙	型钢I20b	0.6~0.8	50	50	20@200
V_c		27	拱、墙	$\phi 8$	20×20	拱、墙	3.5	1.2×1.0	拱、墙	型钢I20b	0.5~0.6	50	50	20@200
V_d		27	拱、墙	$\phi 8$	20×20	拱、墙	3.5	1.2×1.0	拱、墙	型钢I20b	0.5~0.6	50	50	20@200

4.2.2　计算模型

整个模型模拟地层的范围为横向两端取 3～5 倍洞径（14.72m），约 60m，总宽度为 120m；模型高度取 3～5 倍洞高（14.72m），约 60m，隧道底部取 3～5 倍洞高（14.72m），约 60m，竖向总高度为 120m。计算模型的边界条件为：四周施加水平约束，下边界施加垂直约束，地表为自由面。计算模型（以三台阶带仰拱法为例）如图 4-7 所示。

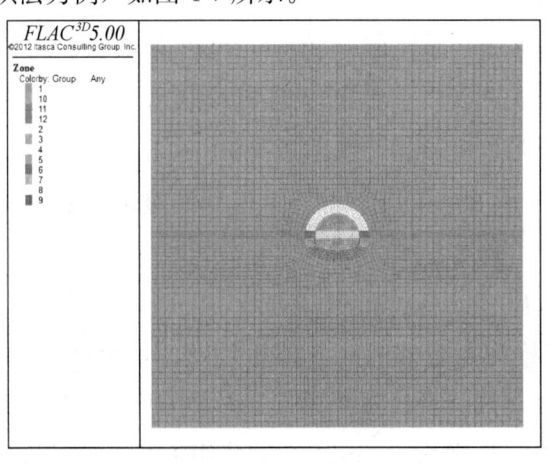

图 4-7　计算模型

4.2.3 施工方案

本段研究根据实际工程情况，拟采用传统三台阶法、三台阶带仰拱一次开挖法、CD 法和 CRD 法进行优选分析，施工方法示意图如图 4-8 所示。

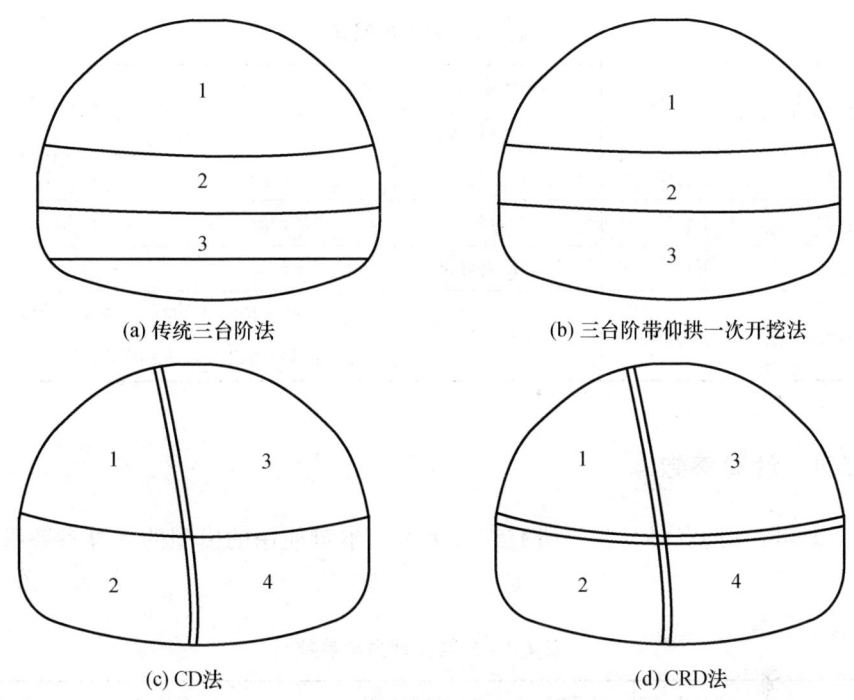

图 4-8 施工方法示意图

（1）传统三台阶法施工工序：①开挖上台阶；②施作拱部初期支护；③开挖中台阶；④施作左右边墙支护；⑤开挖下台阶；⑥施作初期支护；⑦开挖仰拱；⑧施作仰拱支护；根据围岩量测结果，适时施作二次衬砌。

（2）三台阶带仰拱一次开挖法施工工序：①开挖上台阶；②施作拱部初期支护；③开挖中台阶；④施作左右边墙支护；⑤开挖下台阶及仰拱；⑥施作初期支护及仰拱；根据围岩量测结果，适时施作二次衬砌。

（3）CD 法施工工序：①开挖 1 步台阶；②施作初期支护及中隔墙；③开挖 2 步台阶；④施作初期支护及中隔墙；⑤开挖 3 步台阶；⑥施作初期支护；⑦开挖 4 步台阶；⑧施作初期支护；拆除中隔墙后根据围岩量测结果，适时施作二次衬砌。

（4）CRD 法施工工序：①开挖 1 步台阶；②施作初期支护、中隔墙及临时仰拱；③开挖 2 步台阶；④施作初期支护、中隔墙及仰拱；⑤开挖 3 步台阶；⑥施作初期支护及临时仰拱；⑦开挖 4 步台阶；⑧施作初期支护及仰拱；拆除中隔墙及临时仰拱后根据围岩量测结果，适时施作二次衬砌。

为便于计算说明，将各施工步骤的汇于表 4-2。

表 4-2 施工步骤表

施工步骤	传统三台阶法	三台阶带仰拱一次开挖法	CD 法	CRD 法
步骤 1	上台阶	上台阶	一步台阶	一步台阶
步骤 2	中台阶	中台阶	二步台阶	二步台阶
步骤 3	下台阶	下台阶带仰拱	三步台阶	三步台阶
步骤 4	支护完成	支护完成	四步台阶支护完成并拆除中隔墙	四步台阶支护完成并拆除中隔墙及临时仰拱

4.2.4 计算参数

以实际地勘资料及实验研究结果为准，本章使用的模型的计算参数见表 4-3。

表 4-3 材料物理力学参数

类别	厚度 (mm)	重度 (kN/m^3)	弹性模量 (GPa)	泊松比	黏聚力 (MPa)	内摩擦角 (°)
V 级围岩	—	20	1.3	0.35	0.10	25
锚杆加固圈	3500	24	1.5	0.4	0.12	30
初期支护	250	23	20	0.2	—	—
仰拱	250	23	20	0.2	—	—

4.2.5 测点布置

为了解施工过程中围岩动态信息，据以判断围岩的稳定状态及施工的合理性，在本研究中，将选取拱顶、拱肩、边墙、拱脚以及仰拱等八个控制点，采集坑道周边位移及初期支护结构内部的受力及位移信息，并计算出拱肩收敛、边墙收敛及拱脚收敛值。测试点布置如图 4-9 所示。

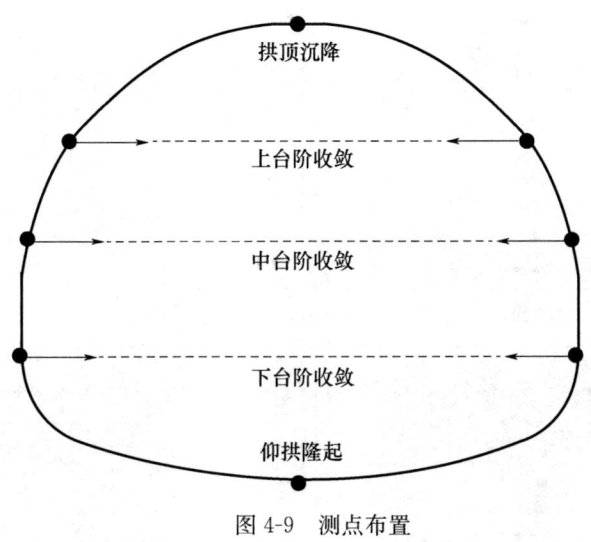

图 4-9 测点布置

4.2.6 围岩位移分析

（1）竖向位移

计算得到的传统三台阶法、三台阶带仰拱一次开挖法、CD 法和 CRD 法在各施工步骤下的竖向位移云图，如图 4-10～图 4-13 所示，并提取云图中拱顶沉降值汇于表 4-4，提取仰拱隆起值汇于表 4-5。

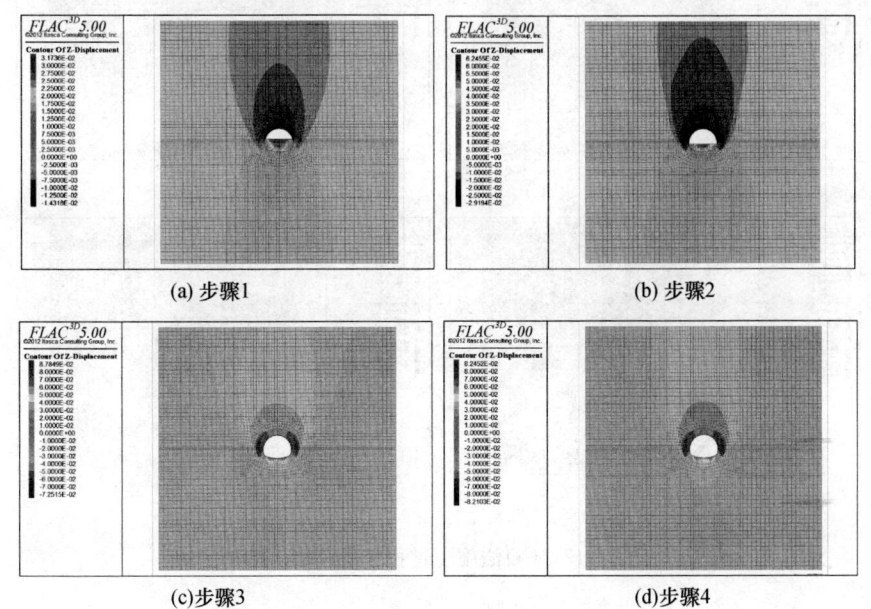

图 4-10 传统三台阶法施工过程竖向位移云图

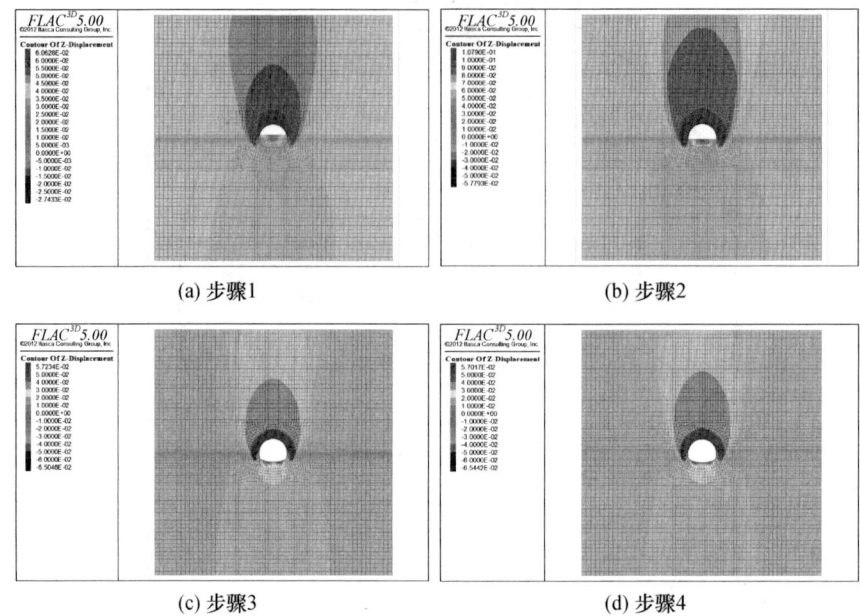

图 4-11　三台阶带仰拱一次开挖法施工过程竖向位移云图

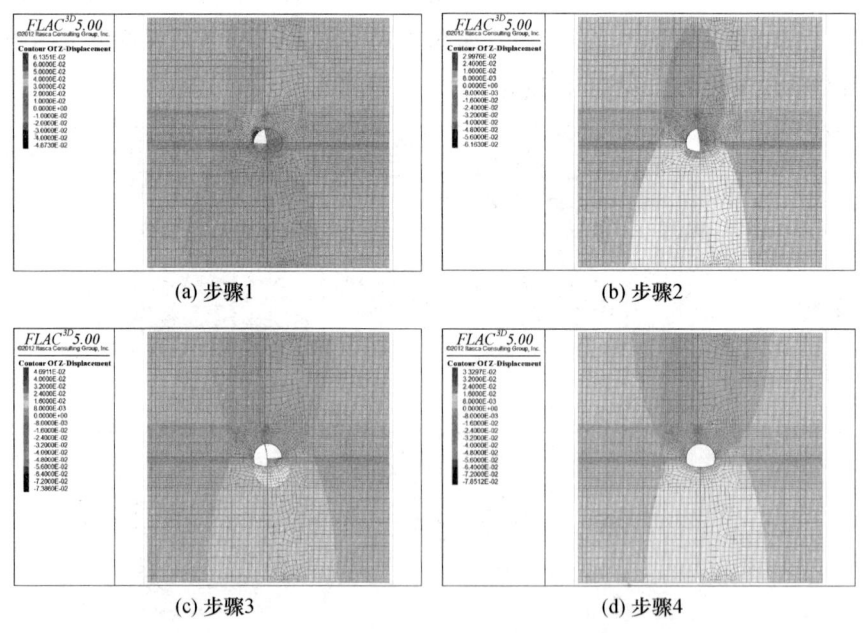

图 4-12　CD法施工过程竖向位移云图

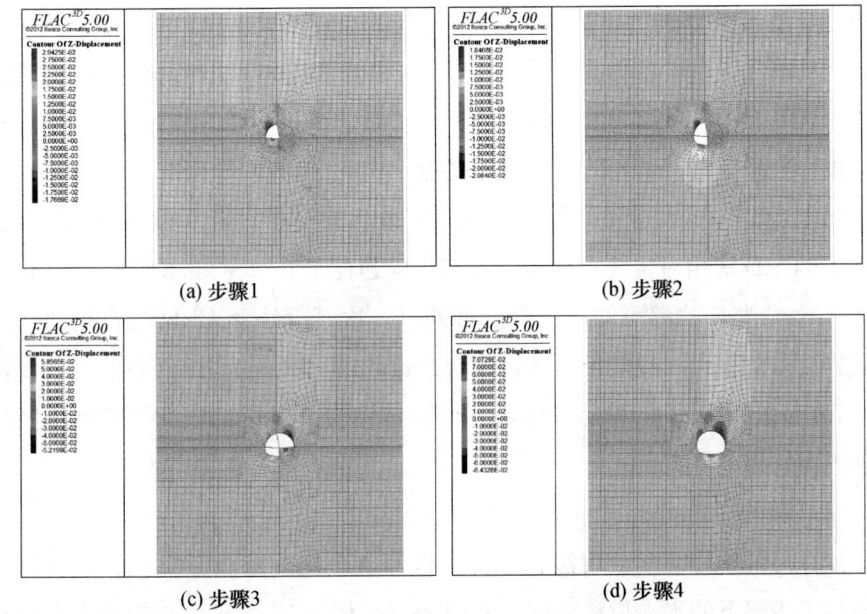

图 4-13 CRD法施工过程竖向位移云图

表 4-4 最大拱顶沉降值

施工步骤	传统三台阶开挖法（mm）	三台阶带仰拱一次开挖法（mm）	控制效果（%）	CD法（mm）	控制效果（%）	CRD法（mm）	控制效果（%）
步骤1	14.32	27.43	−91.55	48.73	−240.29	17.67	−23.39
步骤2	29.19	57.79	−97.98	61.64	−111.17	20.84	28.70
步骤3	72.52	65.05	10.30	73.86	1.85	52.20	28.12
步骤4	82.10	65.44	20.29	78.51	4.37	64.33	21.64

表 4-5 最大仰拱隆起值

施工方案	仰拱隆起值（mm）	控制效果
传统三台阶法	82.45	—
三台阶带仰拱一次开挖法	57.02	30.84
CD法	33.30	59.61
CRD法	70.73	14.21

由表4-4和表4-5可知，传统三台阶法、三台阶带仰拱一次开挖法、CD

法和CRD法的拱顶沉降均随施工的进行而增大，施工完成后四种施工方案的拱顶沉降值最大分别为82.10mm、65.44mm、78.51mm和64.33mm，在支护结构完成后三台阶带仰拱一次开挖法、CD法和CRD法相对传统三台阶法的拱顶沉降控制分别为20.29％、4.37％、21.64％；传统三台阶法、三台阶带仰拱一次开挖法、CD法和CRD法在施工过程中的仰拱隆起最大值分别为82.45mm、57.02mm、33.3mm和70.73mm，且三台阶带仰拱一次开挖法、CD法和CRD法相对传统三台阶法的仰拱隆起控制分别为30.84％、59.61％、14.21％。由竖向位移可知，三台阶带仰拱一次开挖法和CRD法在拱顶沉降控制方面差别不大，且效果显著，三台阶带仰拱一次开挖法和CD法在控制仰拱隆起方面效果明显。综上可知，三台阶带仰拱一次开挖法在控制结构竖向位移方面效果最优。

（2）水平位移

计算得到的传统三台阶法、三台阶带仰拱一次开挖法、CD法和CRD法在各施工步骤下的水平位移云图，如图4-14～图4-17所示，并提取水平位移云图中的最大位移值汇于表4-6。

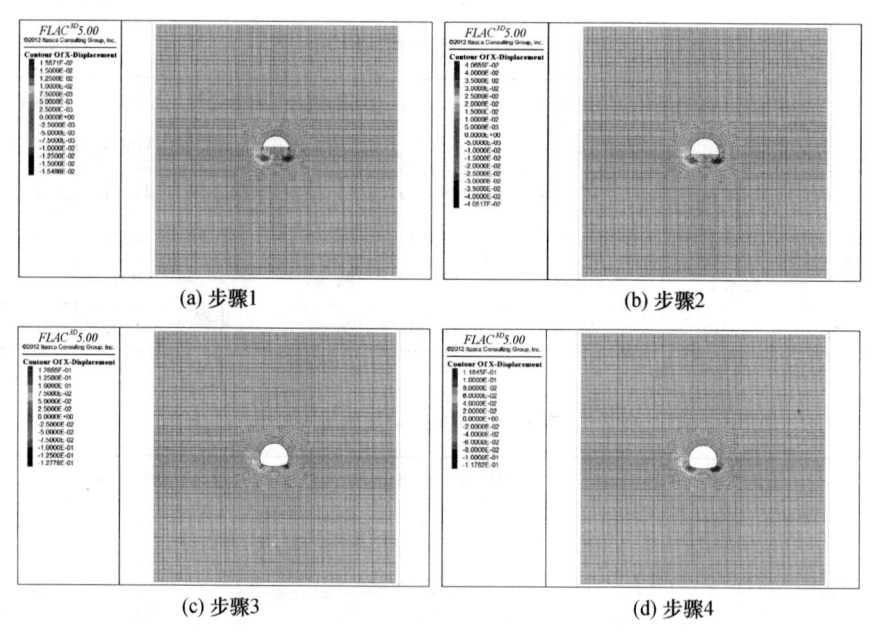

图4-14　传统三台阶法施工过程水平位移云图

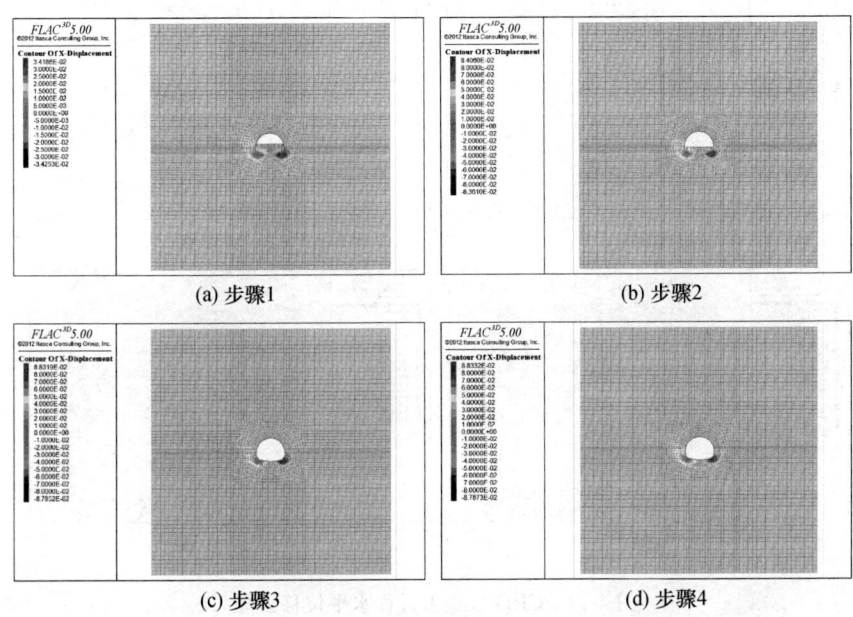

图 4-15　三台阶带仰拱一次开挖法施工过程水平位移云图

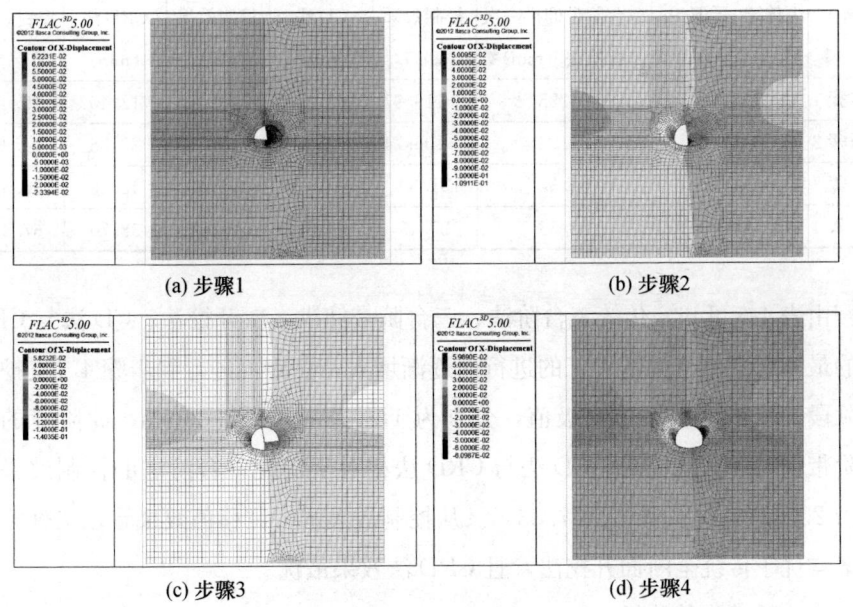

图 4-16　CD 法施工过程水平位移云图

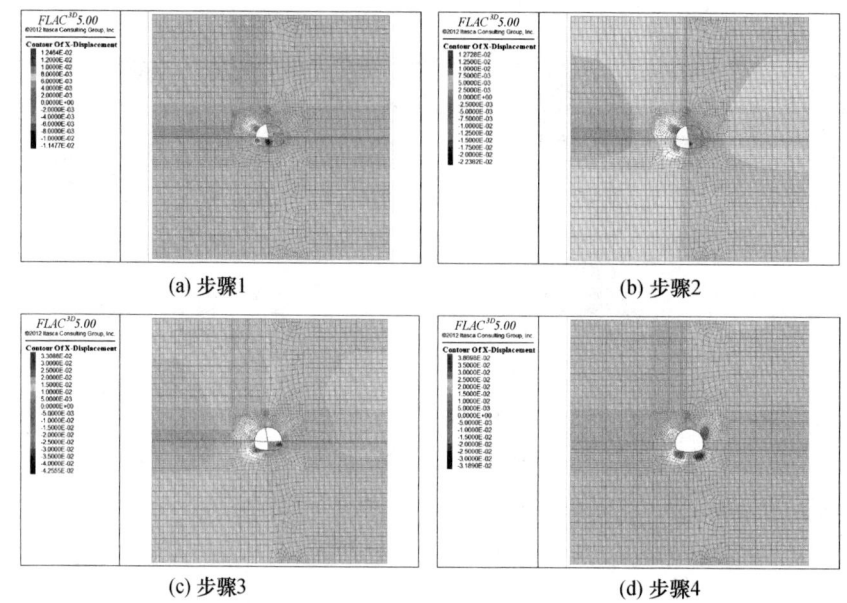

(a) 步骤1　　　　　　　　　　(b) 步骤2

(c) 步骤3　　　　　　　　　　(d) 步骤4

图 4-17　CRD 法施工过程水平位移云图

表 4-6　最大水平位移值

施工步骤	传统三台阶法 (mm)	三台阶带仰拱一次开挖法 (mm)	控制效果 (%)	CD法 (mm)	控制效果 (%)	CRD法 (mm)	控制效果 (%)
步骤 1	15.57	34.25	−119.97	62.23	−299.68	12.46	19.97
步骤 2	40.66	84.06	−106.74	109.11	−168.35	22.38	44.96
步骤 3	128.55	88.32	31.30	140.35	−9.18	42.56	66.89
步骤 4	118.45	88.33	25.43	60.99	48.51	38.70	67.33

由表 4-6 可知，传统三台阶法、三台阶带仰拱一次开挖法、CD 法与 CRD 法的最大水平位移均随施工的进行而逐渐增大，在施工进行到步骤 4（支护完成阶段）均出现水平位移极值，分别为 118.45mm、88.33mm，此阶段的三台阶带仰拱一次开挖法、CD 法与 CRD 法相对于传统三台阶法的控制效果分别为 25.43%、48.51%、67.33%。从控制最大水平位移值效果看，三种施工方案均优于传统全断面开挖法，且 CRD 法效果最优。

（3）隧道收敛分析

计算得到的传统三台阶法、三台阶带仰拱一次开挖法、CD 法和 CRD 法在施工过程中的最大收敛值汇于表 4-7。

表 4-7 最大收敛值

收敛位置	传统三台阶开挖法（mm）	三台阶带仰拱一次开挖法（mm）	控制效果（%）	CD法（mm）	控制效果（%）	CRD法（mm）	控制效果（%）
上台阶收敛	36.67	24.67	32.72	61.35	−67.30	49.77	−35.72
中台阶收敛	130.77	98.45	24.71	95.75	26.78	49.76	61.95
下台阶收敛	203.97	166.70	18.27	120.86	40.74	76.89	62.30

由表 4-7 可知，传统三台阶法、三台阶带仰拱一次开挖法、CD 法与 CRD 法的最大收敛值均在下台阶，最大值分别为 203.97mm、166.70mm、120.86mm、76.89mm，三台阶带仰拱一次开挖法、CD 法和 CRD 法相对于传统三台阶法的最大收敛控制效果分别为 32.72%、40.74% 和 62.30%。由此可见，三台阶带仰拱一次开挖法对于控制收敛方面均优于传统三台阶法，而 CD 法与 CRD 法在控制上台阶收敛方面较差，但 CRD 法上、中、下台阶收敛值普遍较小。综上，从控制隧道结构收敛看，CRD 法效果最优。

4.2.7 应力分析

（1）最大主应力分析

分别提取传统三台阶法、三台阶带仰拱一次开挖法、CD 法与 CRD 法的实时最大主应力云图（图 4-18～图 4-21）。对比分析不同施工阶段的工法最大主应力的变化趋势，并计算分析其工法应力释放控制效果（表 4-8）。

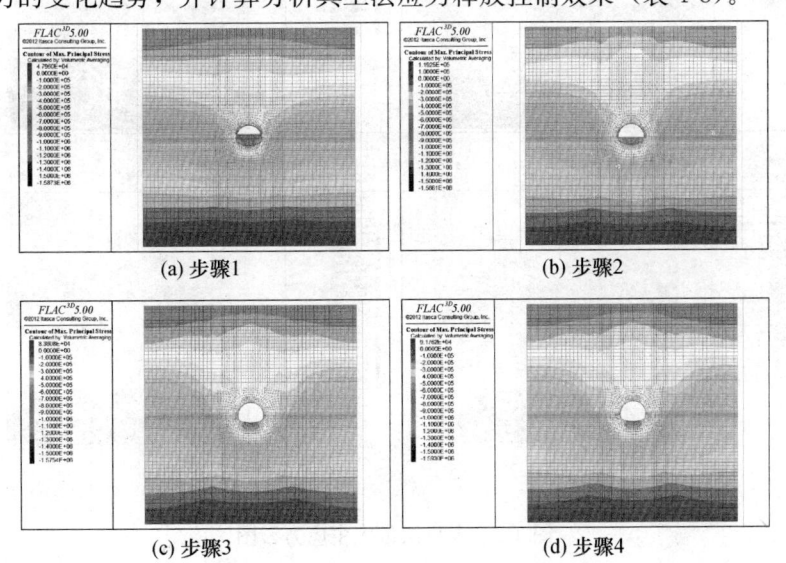

(a) 步骤1　　(b) 步骤2

(c) 步骤3　　(d) 步骤4

图 4-18 传统三台阶法最大主应力云图

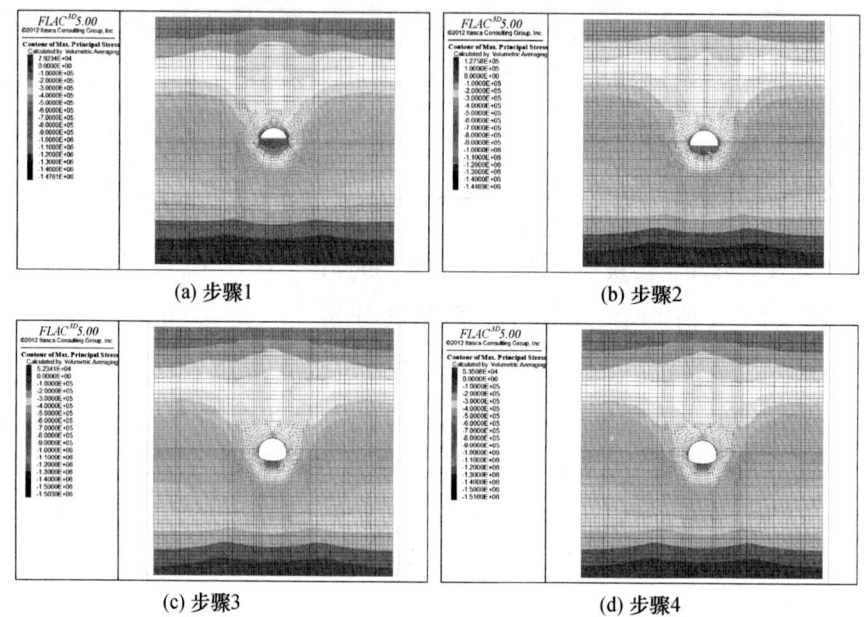

图 4-19 三台阶带仰拱一次开挖法最大主应力云图

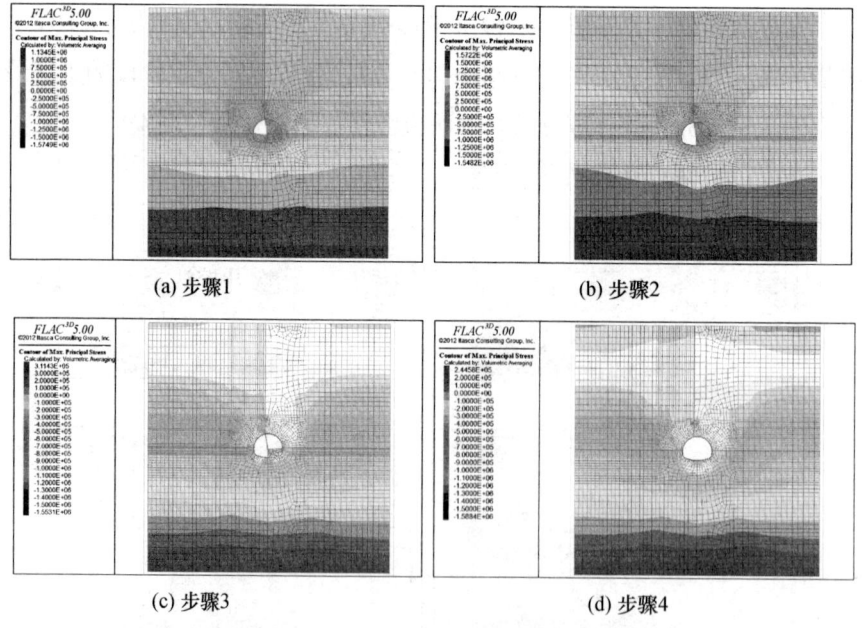

图 4-20 CD 法最大主应力云图

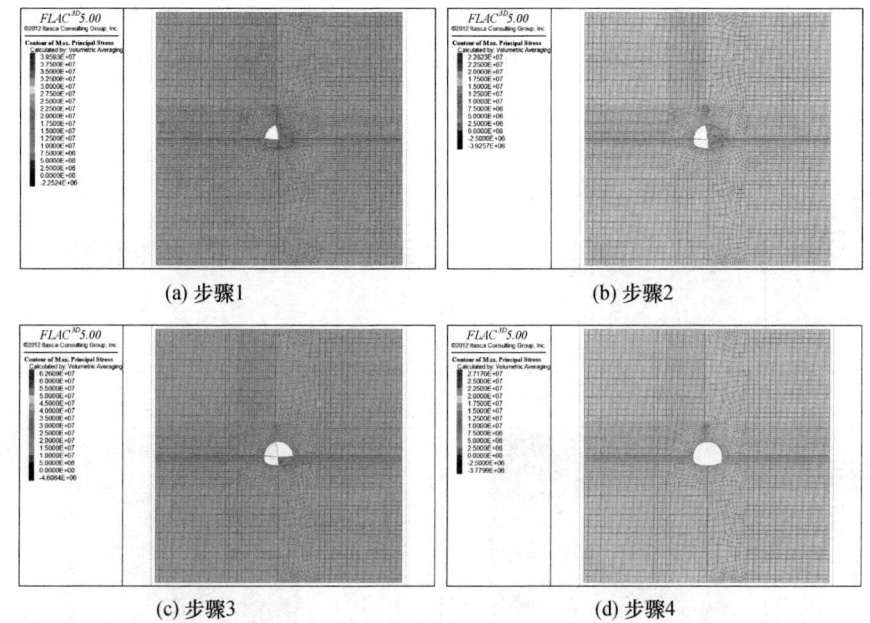

(a) 步骤1　　(b) 步骤2　　(c) 步骤3　　(d) 步骤4

图 4-21　CRD 法最大主应力云图

表 4-8　施工过程最大主应力值

施工步骤	传统三台阶开挖法（MPa）	三台阶带仰拱一次开挖法（MPa）	CD 法（MPa）	CRD 法（MPa）
步骤 1	0.048	0.079	1.135	3.959
步骤 2	0.119	0.128	1.572	2.282
步骤 3	0.084	0.052	0.311	6.261
步骤 4	0.092	0.054	0.245	2.718

由表 4-8 可知，传统三台阶法、三台阶带仰拱一次开挖法与 CD 法在步骤 2（中台阶/二步台阶施工阶段）均出现了主应力明显增大的现象，且此阶段为施工过程的最大主应力极值点，分别为 0.119MPa、0.128MPa 和 1.572MPa，在施工完成时的最大主应力分别为 0.092MPa、0.054MPa 和 0.245MPa，三台阶带仰拱一次开挖法相对于传统三台阶法减小了 49.13%；CD 法与 CRD 法在施工到步骤 4 时出现最大主应力减小的现象，最终最大主应力值分别为 0.245MPa 和 2.718MPa。综上可知，在控制结构最大主应力方面，三台阶带仰拱一次开挖法的效果最优。

（2）最小主应力分析

分别提取传统三台阶法、三台阶带仰拱一次开挖法、CD 法与 CRD 法的实时最小主应力云图（图4-22～图4-25）。对比分析不同施工阶段的工法最小主应力的变化趋势，并计算分析其工法应力释放控制效果（表4-9）。

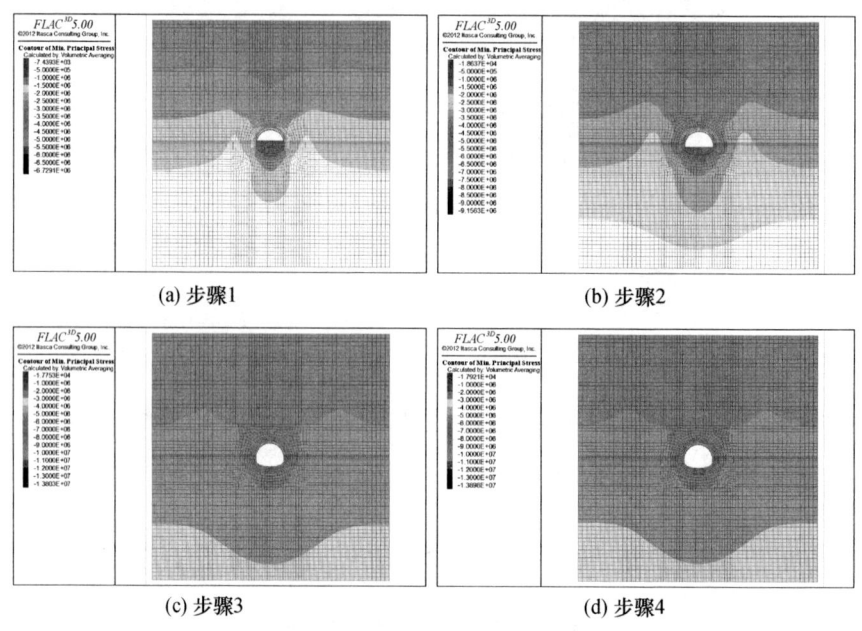

图 4-22 传统三台阶法最小主应力云图

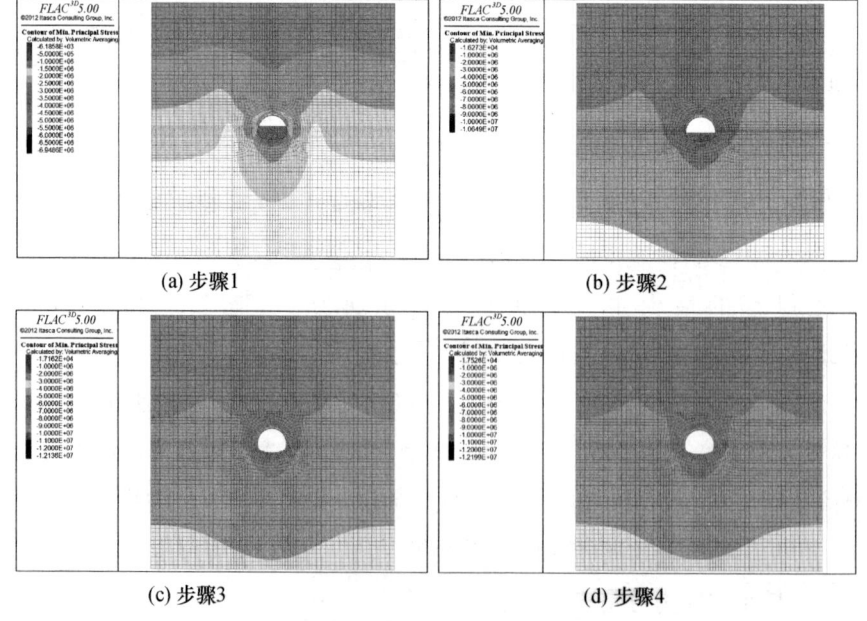

图 4-23 三台阶带仰拱一次开挖法最小主应力云图

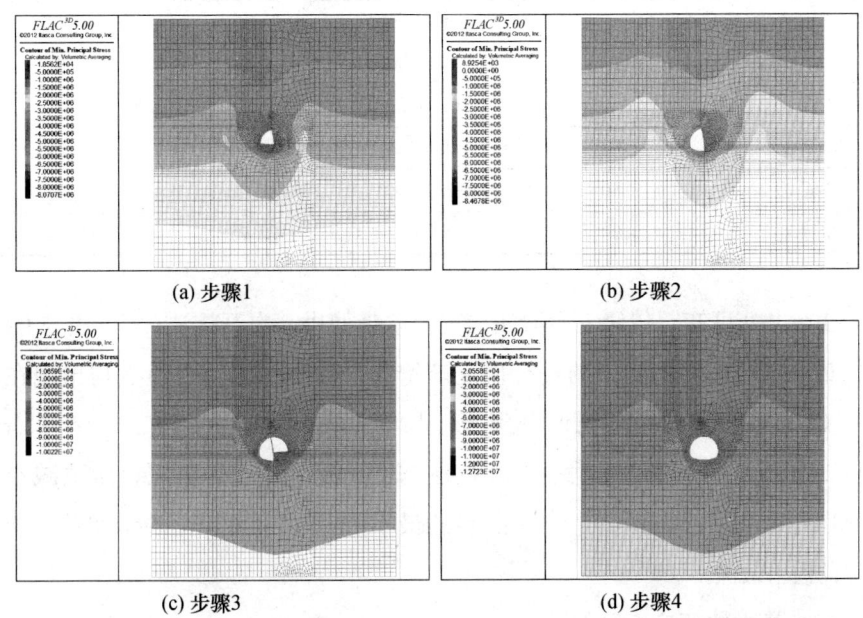

图 4-24 CD 法最小主应力云图

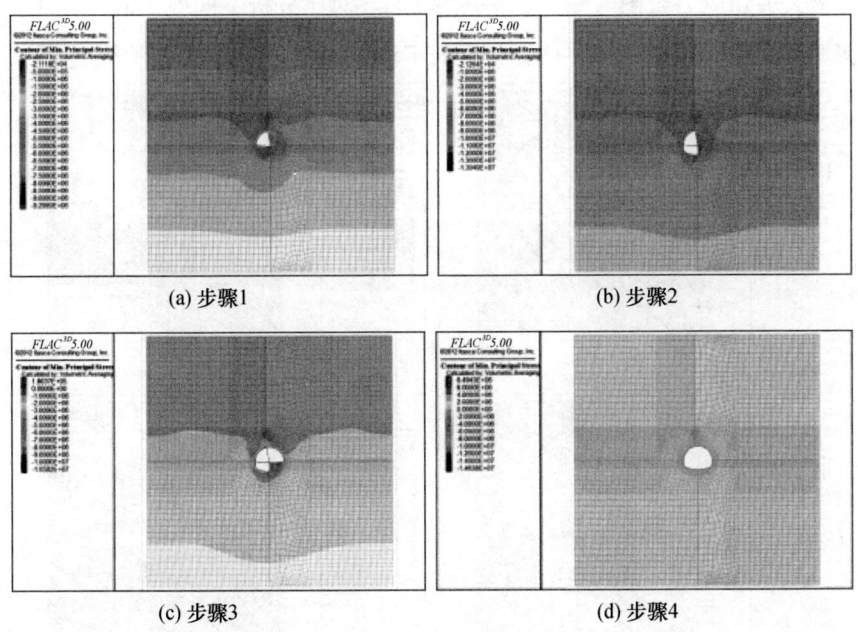

图 4-25 CRD 法最小主应力云图

表 4-9　施工过程最小主应力值

施工步骤	传统三台阶开挖法（MPa）	三台阶带仰拱一次开挖法（MPa）	CD 法（MPa）	CRD 法（MPa）
步骤 1	−6.73	−6.95	−8.07	−9.30
步骤 2	−9.16	−10.65	−8.47	−13.05
步骤 3	−13.80	−12.14	−10.02	−10.58
步骤 4	−13.90	−12.20	−12.72	−14.64

由表 4-9 可知，传统三台阶法、三台阶带仰拱一次开挖法、CD 法与 CRD 法的最小主应力均随施工的进行而逐渐增大，最小主应力极值点均出现在步骤 4（支护完成阶段），极值分别为 −13.90MPa、−12.20MPa、−12.72MPa、−14.64MPa，三台阶带仰拱一次开挖法与 CD 法相对于传统三台阶法减小了 12.23%、8.49%。综上可知，在控制结构最小主应力方面，三台阶带仰拱一次开挖法的效果最优。

（3）最大剪切应力分析

分别提取传统三台阶法、三台阶带仰拱一次开挖法、CD 法与 CRD 法的实时最大剪切应力云图（图 4-26～图 4-29）。对比分析不同施工阶段的工法最大剪切应力的变化趋势，并计算分析其工法应力释放控制效果（表 4-10）。

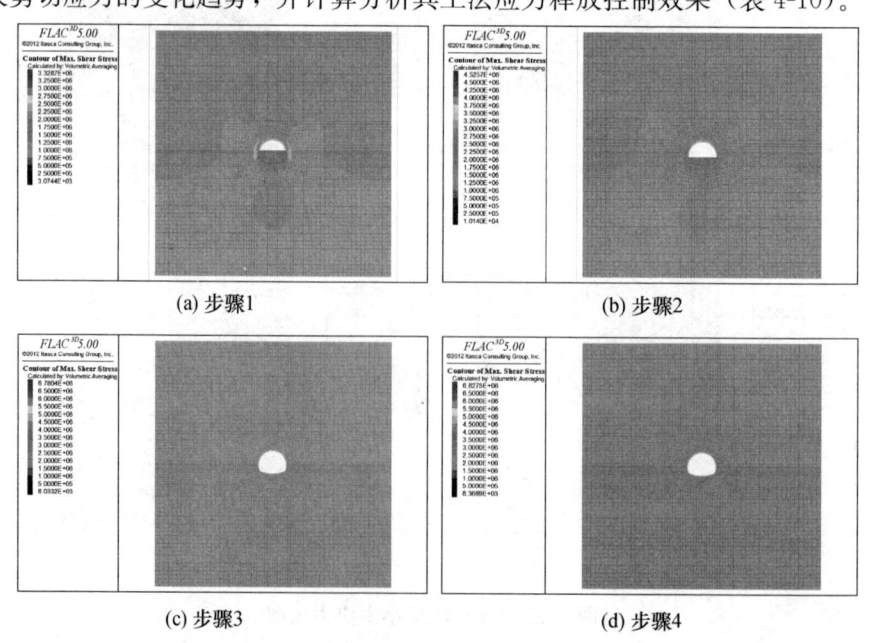

(a) 步骤1　　(b) 步骤2

(c) 步骤3　　(d) 步骤4

图 4-26　传统三台阶开挖法最大剪切应力云图

第4章 铁路双线隧道带仰拱一次开挖工法特性研究

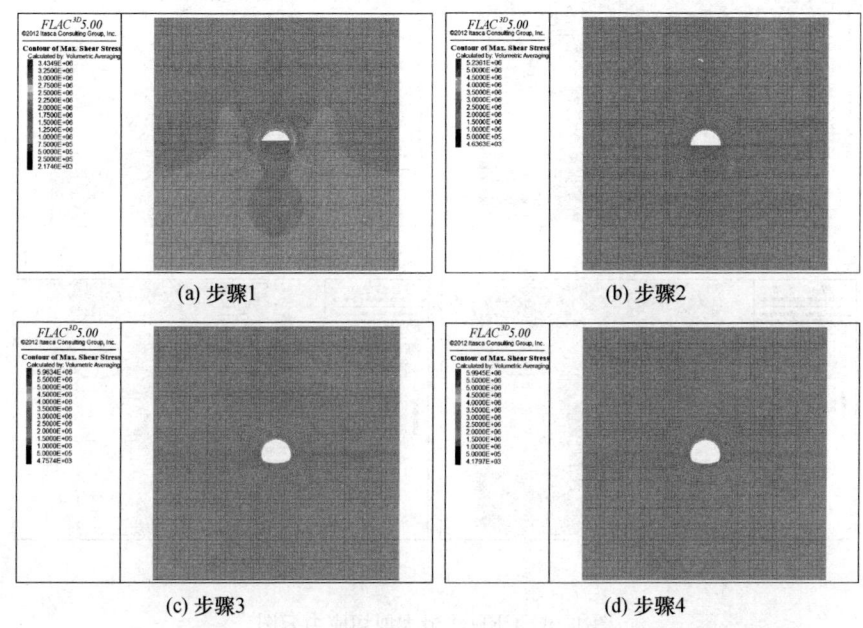

图 4-27 三台阶带仰拱一次开挖法最大剪切应力云图

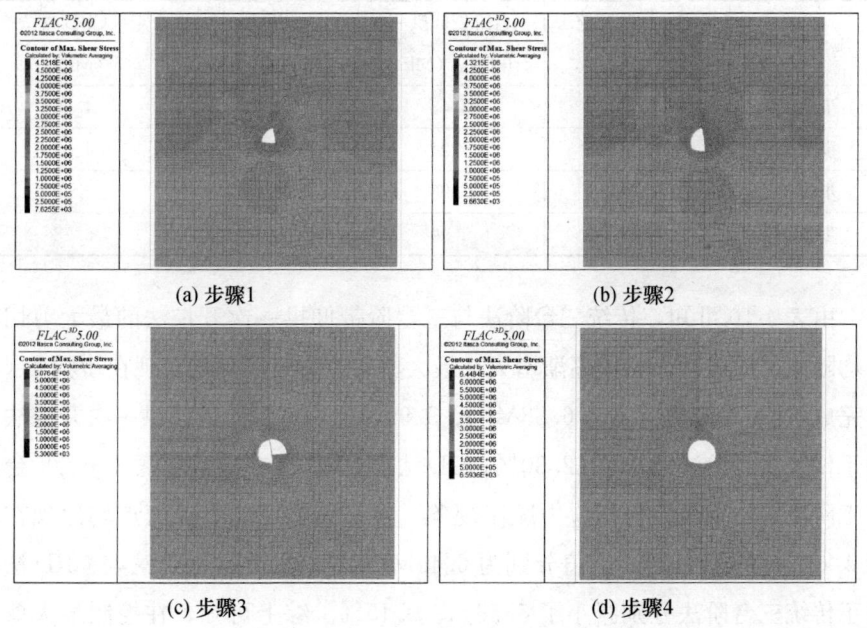

图 4-28 CD 法最大剪切应力云图

· 55 ·

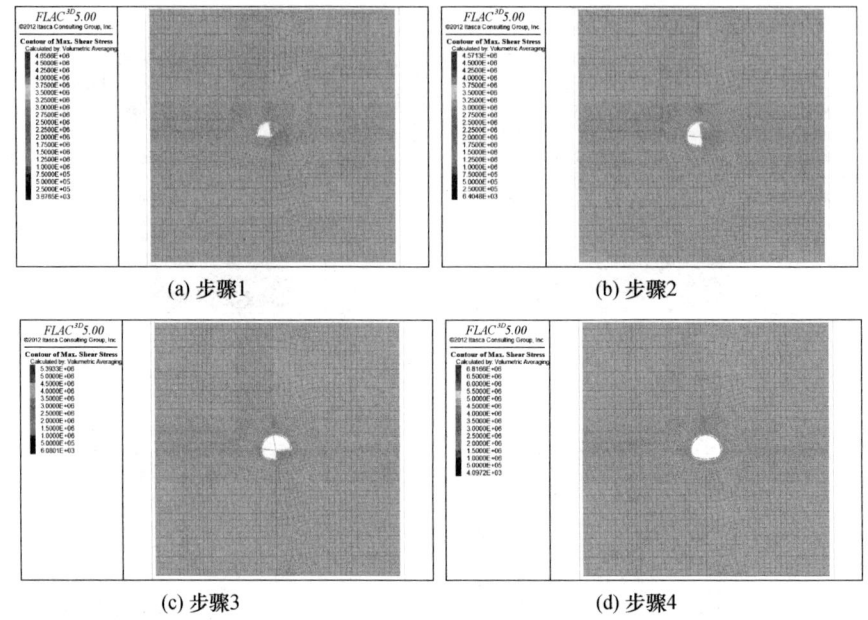

图 4-29 CRD 法最大剪切应力云图

表 4-10 施工过程最大剪切应力值

施工步骤	传统三台阶开挖法（MPa）	三台阶带仰拱一次开挖法（MPa）	CD 法（MPa）	CRD 法（MPa）
步骤 1	3.33	3.43	4.52	4.66
步骤 2	4.53	5.24	4.32	4.57
步骤 3	6.78	5.96	5.08	5.39
步骤 4	6.83	5.99	6.45	6.28

由表 4-10 可知，传统三台阶法与三台阶带仰拱一次开挖法的最大剪切应力均随施工的进行而整体逐渐增大，最大剪切应力极值点均出现在步骤 4（支护完成阶段），极值分别为 6.83MPa、5.99MPa，三台阶带仰拱一次开挖法相对于传统三台阶法减小了 12.30%；CD 法与 CRD 法在施工步骤 2（二步台阶施工阶段）出现最大剪切应力减小现象，且最大剪切应力极值点均出现在步骤 4（支护完成阶段），极值分别为 6.45MPa、6.82MPa，CD 法与 CRD 法相对于传统三台阶法分别减小了 5.56%、0.15%。综上可知，在控制最大剪切应力方面，三台阶带仰拱一次开挖法效果最优。

4.3 两台阶带仰拱一次开挖工法特性

4.3.1 工程概况

（1）地质情况

本研究依托于玉磨铁路立新隧道（D1K61+255～D1K66+545）。立新隧道穿越岩层主要为远古界前震旦系（Pt_1）地层，这套地层岩性较复杂，岩层主要为前震旦系昆阳群落雪组 Pt_1l 白云岩、灰岩夹板岩，绿汁江组 Pt_1lz 白云岩、灰岩夹板岩，鹅头厂组 Pt_1e 板岩夹粉砂岩、白云质灰岩，局部夹炭质千枚岩，因民组 Pt_1y 板岩、砂岩夹角砾岩。本段研究基于隧道 D1K65+340～D1K65+350 段（Ⅳ级围岩）展开有限差分数值模拟。

（2）结构设计

此段隧道结构为复合式衬砌，马蹄形断面，跨度为 12.82m，高度为 10.56m。隧道复合衬砌设计参数见表 4-11。本研究初支主要采用挂网喷射 C25 混凝土支护，厚度为 25cm，二衬采用 C25 模筑钢筋混凝土，厚度为 50cm。

表 4-11 Ⅳ级围岩复合衬砌设计参数

衬砌类型	喷射混凝土		钢筋网			锚杆			钢架			二次衬砌		
	施作位置	厚度(cm)	设置部位	钢筋规格(mm)	网格间距(cm)	设置部位	锚杆长度(m)	间距(m)	设置部位	钢架类型	纵向间距(m)	拱墙厚度(cm)	仰拱厚度(cm)	主筋(mm)
Ⅳa	拱、墙、仰拱	23	拱、墙	φ6	20×20	拱、墙	3.0	1.2×1.2	拱、墙	格栅	1.2～1.5	45	50	—
Ⅳb		23	拱、墙	φ6	20×20	拱、墙	3.0	1.2×1.2	拱、墙	格栅	1.0～1.2	45	50	20@200
Ⅳc		23	拱、墙	φ6	20×20	拱、墙	3.0	1.2×1.2	拱、墙	格栅	1.0～1.2	45	50	20@200
Ⅳd		23	拱、墙	φ6	20×20	拱、墙	3.0	1.2×1.2	拱、墙	格栅	1.0～1.2	45	50	20@200

4.3.2 计算模型

以立新隧道为背景建立计算模型，本构模型为弹塑性模型，屈服准则采用摩尔-库仑准则。模拟地层的范围为横向两端取 3～5 倍洞径（14.72m），约 60m，总宽度为 120m；模型高度取 3～5 倍洞高（14.72m），约 60m，隧道底部取 3～5 倍洞高（14.72m），约 60m，竖向总高度为 120m。计算模型共有 17730 个单元，24212 个节点。计算模型边界条件为：左右方向施加水平约束，下边界施加垂直约束，上边界不做约束（图 4-30）。

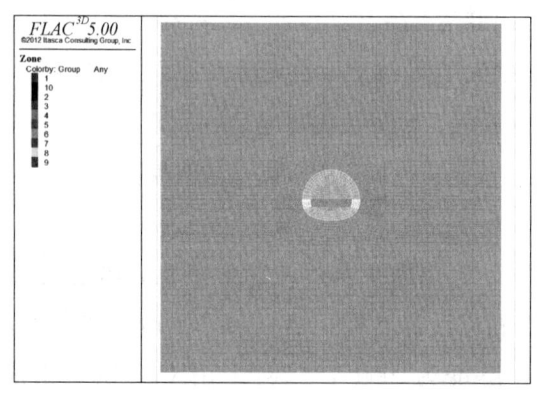

图 4-30 计算模型

4.3.3 施工方案

本段研究根据实际工程情况，拟采用传统台阶法和两台阶带仰拱一次开挖法进行优选分析，具体施工方法如下：

（1）传统台阶法

传统台阶法适用于围岩稳定性较好的工况，具体施作方法如下：先开挖上台阶后及时进行上台阶的初期支护，再开挖下台阶并及时施作下导初期支护，然后再进行仰拱的开挖并及时施作仰拱混凝土、填充混凝土。

（2）两台阶带仰拱一次开挖法

两台阶带仰拱一次开挖法主要适用于单线铁路Ⅳ级、Ⅴ级围岩隧道，考虑简易台架安放、人员操作空间及机械的最大操作半径，上台阶长度一般控制在 6～7m 之间。具体施作方法如下：二台阶整体爆破，上台阶扒碴并喷射 C25 混凝土，下台阶仰拱出碴，喷射 C25 混凝土，上下台阶同时立拱，施工时采用40m全配套移动栈桥。

4.3.4 计算参数

以实际地勘资料及实验研究结果为准,本章使用的模型的计算参数见表4-12。

表4-12 材料物理力学参数

类别	重度 (kN/m³)	弹性模量 (GPa)	泊松比	黏聚力 (MPa)	内摩擦角 (°)
Ⅳ级围岩	20	1.3	0.35	0.2	27
加固圈	18	1.5	0.4	0.23	31
初期支护	23	20	0.2	—	—
仰拱	23	20	0.2	—	—

4.3.5 测点布置

为了解施工过程中围岩动态信息,据以判断围岩的稳定状态及施工的合理性,在本研究中,将选取拱顶、拱肩、边墙、拱脚以及仰拱等八个控制点,采集坑道周边位移及初期支护结构内部的受力及位移信息,并计算出上、下收敛值,测点布置如图4-31所示。

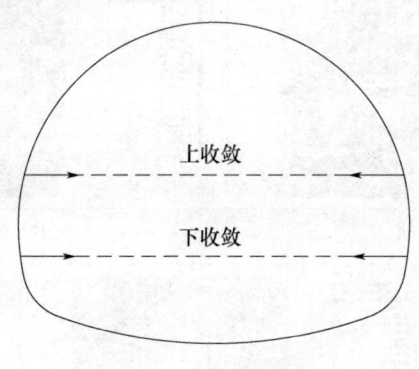

图4-31 测点布置

4.3.6 围岩位移分析

(1) 竖向位移

计算得到的传统台阶法、两台阶带仰拱一次开挖法在各施工步骤下的竖向位移云图如图4-32和图4-33所示。

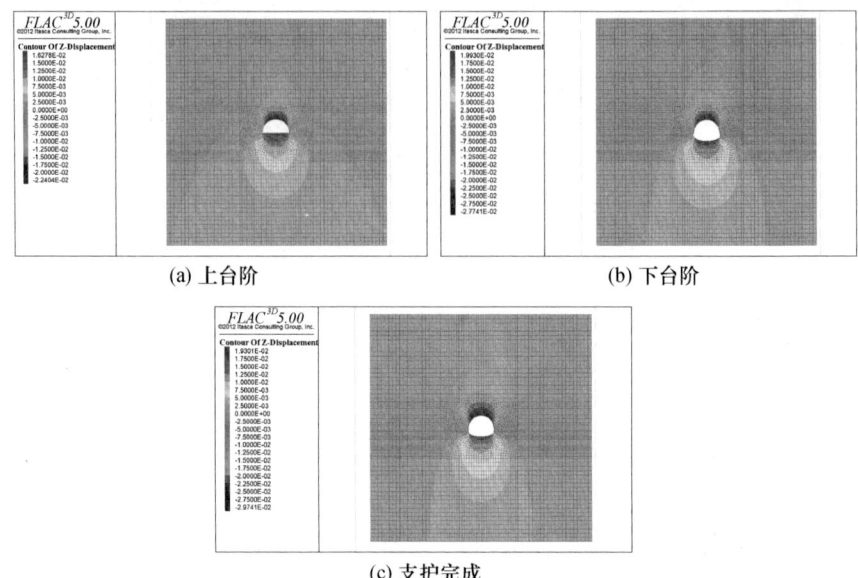

图 4-32 传统台阶法施工过程竖向位移云图

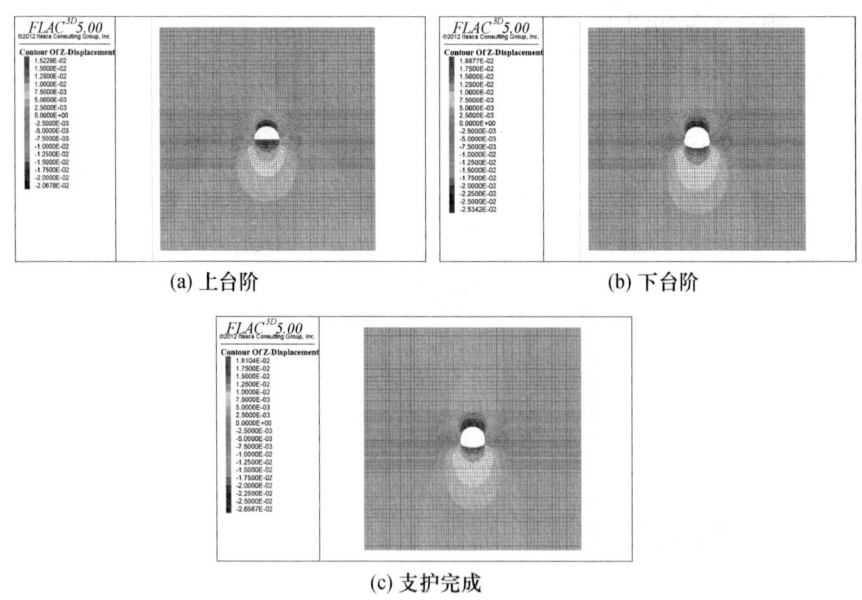

图 4-33 两台阶带仰拱一次开挖法施工过程竖向位移云图

第4章 铁路双线隧道带仰拱一次开挖工法特性研究

由图 4-32、图 4-33 及表 4-13 可知,传统台阶法开挖阶段最大竖向位移值为 29.74mm,开挖上台阶时最大竖向位移值为 22.4mm,两台阶带仰拱一次开挖法所有施工阶段的最大竖向位移值及仰拱隆起均有所减小,其中两台阶带仰拱一次开挖法拱顶沉降最大值为 26.57mm,仰拱隆起最大值为 18.10mm,较传统台阶法拱顶沉降最大值减小 11.93%,仰拱隆起最大值减小 8.95%。从控制拱顶沉降及仰拱隆起效果看,两台阶带仰拱一次开挖法优于传统台阶法。

表 4-13 最大竖向位移值

位移值	拱顶沉降（mm）			仰拱隆起（mm）		
施工步骤	传统台阶法	两台阶带仰拱一次开挖法	控制效果（%）	传统台阶法	两台阶带仰拱一次开挖法	控制效果（%）
上台阶	22.40	20.67	8.40	16.28	15.22	7.00
下台阶/下台阶带仰拱	27.74	25.34	9.48	19.93	18.87	5.62
支护完成	29.74	26.57	11.93	19.72	18.10	8.95

（2）水平位移

计算得到的传统台阶法、两台阶带仰拱一次开挖法在各施工步骤下的水平位移云图如图 4-34 和图 4-35 所示。

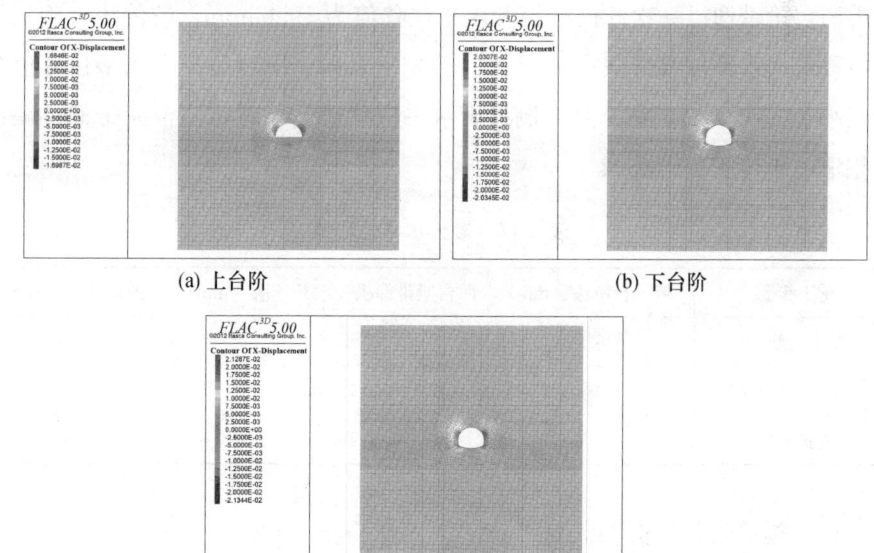

(a) 上台阶 (b) 下台阶

(c) 支护完成

图 4-34 传统台阶法施工过程水平位移云图

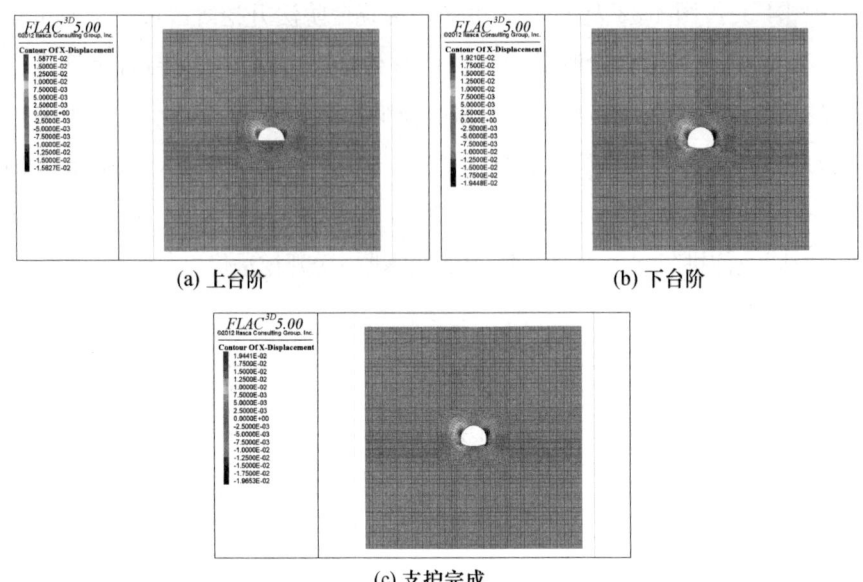

图 4-35 两台阶带仰拱一次开挖法施工过程水平位移云图

由图 4-34、图 4-35 及表 4-14 可知，传统台阶法开挖阶段最大水平位移值为 21.34mm，开挖上台阶、下台阶时最大水平位移值分别为 16.99mm、20.35mm，两台阶带仰拱一次开挖法最大水平位移值各施工步骤均有所减小，其中两台阶带仰拱一次开挖法最大水平位移值为 19.65mm，较传统台阶法开挖阶段最大水平位移值减小 8.60%，开挖上台阶、下台阶最大水平位移值分别减小 7.33%、4.62%。从控制最大水平位移值效果看，两台阶带仰拱一次开挖法优于传统台阶法。

表 4-14 最大水平位移值

施工步骤	传统台阶法（mm）	两台阶带仰拱一次开挖法（mm）	控制效果（%）
上台阶	16.99	15.83	7.33
下台阶/下台阶带仰拱	20.35	19.45	4.62
支护完成	21.34	19.65	8.60

（3）隧道收敛分析

提取各点水平位移并计算得到的传统台阶法、两台阶带仰拱一次开挖法的上、下台阶收敛值，见表 4-15。

表 4-15　上、下台阶收敛值

收敛位置	传统台阶法（mm）	两台阶带仰拱一次开挖法（mm）	控制效果（%）
上台阶收敛	43.23	38.62	11.93
下台阶收敛	37.15	32.61	13.92

由表 4-15 可知，传统台阶法最大收敛位移位于上收敛，最大值为 43.23mm，两台阶带仰拱一次开挖法最大收敛位移位于上收敛，最大值为 38.62mm，较传统台阶法上收敛值减小 11.93%。两台阶带仰拱一次开挖法下收敛值较传统台阶法有所减小，控制效果为 13.92%。从控制某处收敛效果看，两台阶带仰拱一次开挖法优于传统台阶法。

4.3.7　应力分析

（1）最大主应力分析

分别提取两台阶带仰拱一次开挖法与传统台阶法的实时最大主应力云图。对比分析不同施工阶段的工法最大主应力的变化趋势，并计算分析其工法应力释放控制效果，如图 4-36 和图 4-37 所示。

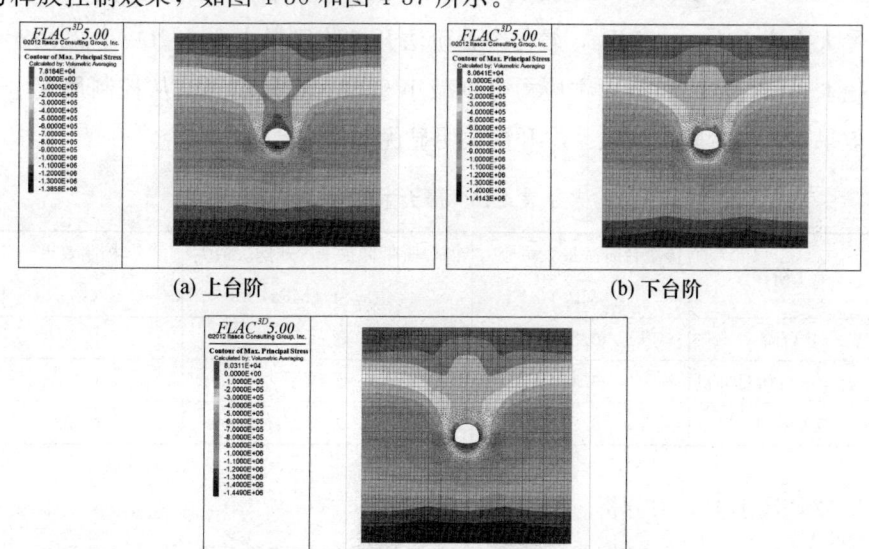

(a) 上台阶　　　(b) 下台阶

(c) 支护完成

图 4-36　传统台阶法最大主应力云图

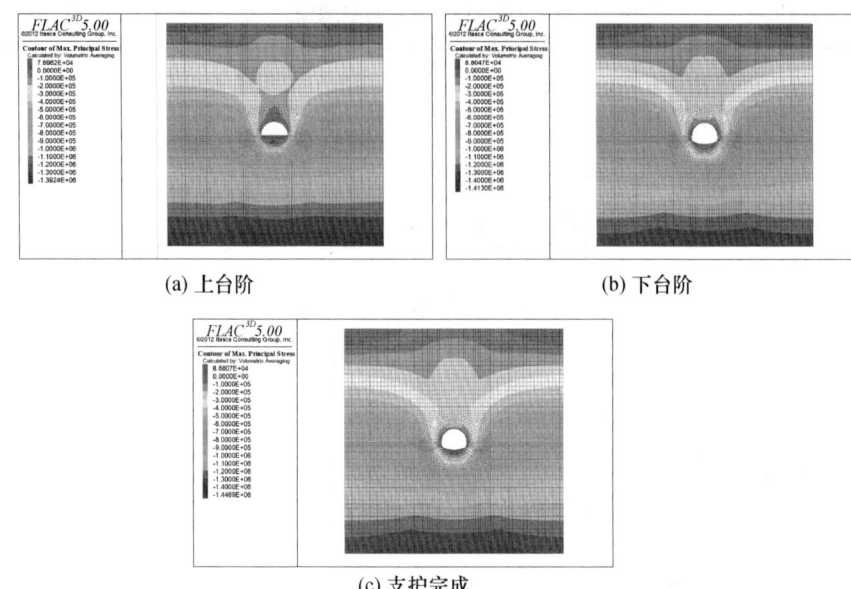

图 4-37 两台阶带仰拱一次开挖法最大主应力云图

由图 4-36、图 4-37 和表 4-16 可知,传统台阶法开挖上台阶、下台阶、支护完成的最大主应力均大于两台阶带仰拱一次开挖法的最大主应力,分别为 0.34MPa、0.17MPa、0.21MPa。其中,两台阶带仰拱一次开挖法支护完成时最大主应力为 0.18MPa,较传统台阶法开挖阶段最大主应力减小 22.22%,开挖上台阶、下台阶最大主应力分别减小 9.68%、6.25%。从控制最大主应力效果看,两台阶带仰拱一次开挖法明显优于传统台阶法。

表 4-16 最大主应力

施工阶段	传统台阶法最大主应力 (MPa)	两台阶带仰拱一次开挖法最大主应力 (MPa)	控制效果 (%)
上台阶	0.34	0.31	9.68
下台阶/下台阶带仰拱	0.17	0.16	6.25
支护完成	0.21	0.18	22.22

(2) 最小主应力分析

分别提取两台阶带仰拱一次开挖法与传统台阶法的实时最小主应力云图。对比分析不同施工阶段的工法最小主应力的变化趋势,并计算分析其工法应力释放控制效果,如图 4-38 和图 4-39 所示。

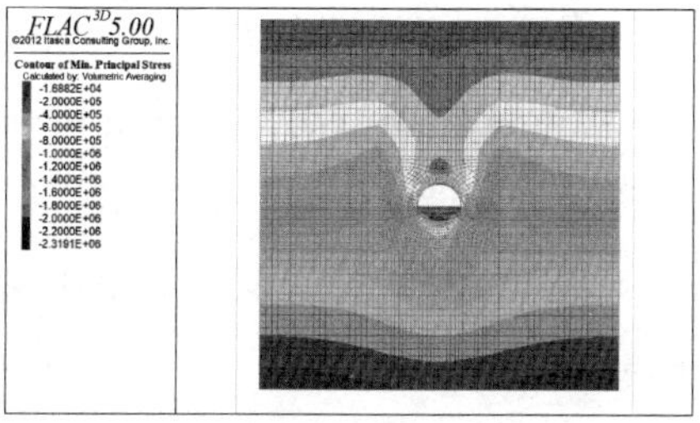

(a) 上台阶 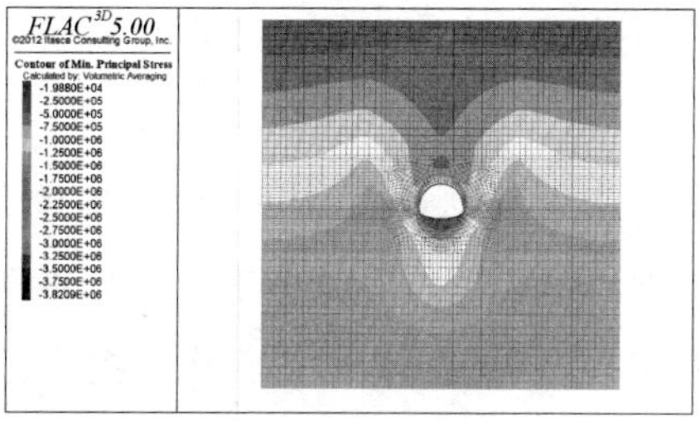　　　　　　　　　　　(b) 下台阶

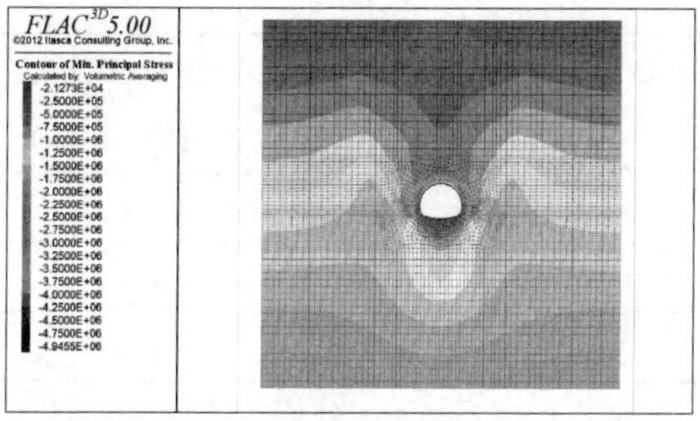

(c) 支护完成

图 4-38　传统台阶法最小主应力云图

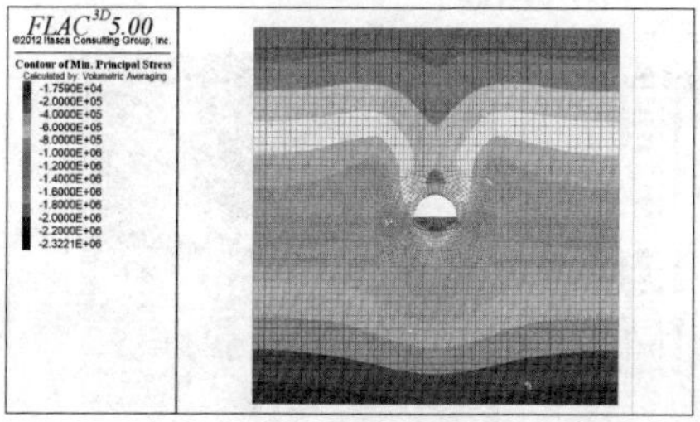

(a) 上台阶 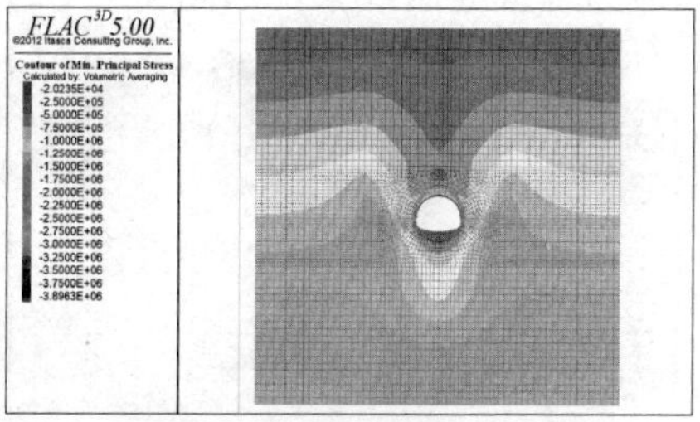　　　　　　　　　　　(b) 下台阶

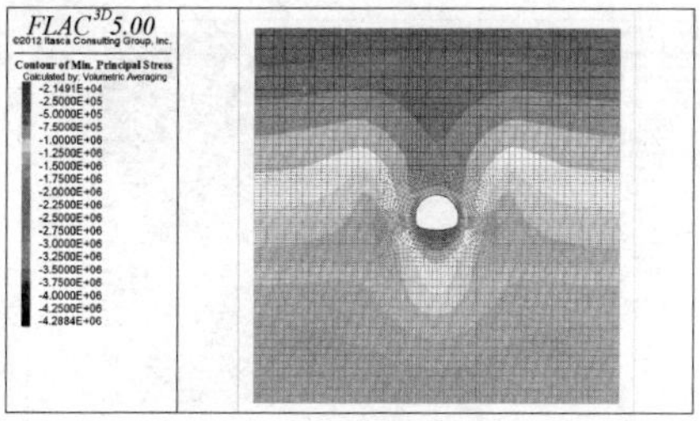

(c) 支护完成

图 4-39　两台阶带仰拱一次开挖法最小主应力云图

由图 4-38、图 4-39 和表 4-17 可知,传统台阶法开挖上台阶、下台阶、支护完成的最小主应力均大于两台阶带仰拱一次开挖法的最小主应力,分别为 1.16MPa、3.90MPa、4.95MPa。其中,两台阶带仰拱一次开挖法支护完成时最小主应力为 4.29MPa,较传统台阶法开挖阶段最小主应力减小 15.38%,开挖上台阶、下台阶最小主应力分别减小 2.65%、2.09%。从控制最小主应力效果看,两台阶带仰拱一次开挖法优于传统台阶法。

表 4-17 最小主应力

施工阶段	传统台阶法最小主应力（MPa）	两台阶带仰拱一次开挖法最小主应力（MPa）	控制效果（%）
上台阶	1.16	1.13	2.65
下台阶/下台阶带仰拱	3.90	3.82	2.09
支护完成	4.95	4.29	15.38

(3) 最大剪切应力分析

分别提取两台阶带仰拱一次开挖法与传统台阶法的实时最大剪切应力云图。对比分析不同施工阶段的工法最大剪切应力的变化趋势,并计算分析其工法应力释放控制效果,如图 4-40 和图 4-41 所示。

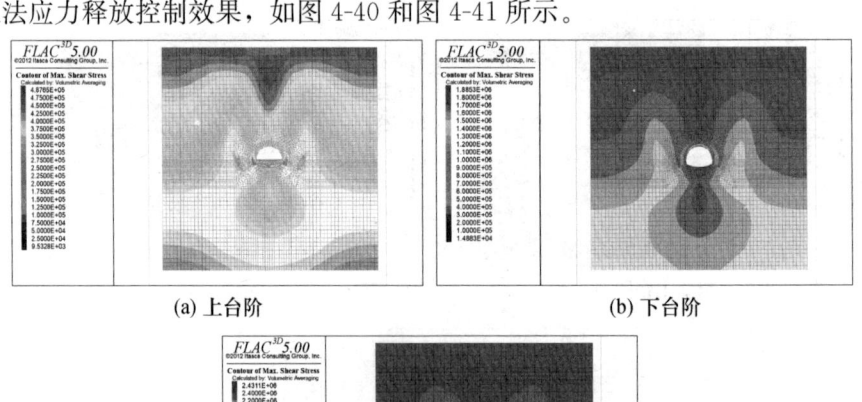

(a) 上台阶　　　　　　　　　(b) 下台阶

(c) 支护完成

图 4-40　传统台阶法最大剪切应力云图

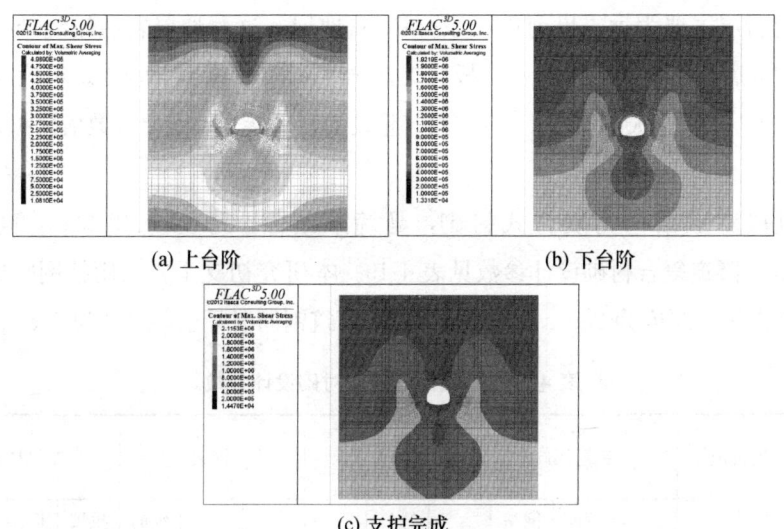

图 4-41 两台阶带仰拱一次开挖法最大剪切应力云图

由图 4-40、图 4-41 和表 4-18 可知，传统台阶法开挖上台阶、下台阶、支护完成的最大剪切应力均大于两台阶带仰拱一次开挖法的最大剪切应力，分别为 0.49MPa、1.89MPa、2.43MPa。其中，两台阶带仰拱一次开挖法支护完成时最大剪切应力为 2.11MPa，较传统台阶法开挖阶段最大剪切应力减小 15.17%，开挖上台阶、下台阶最大剪切应力分别减小 13.95%、3.28%。从控制最大剪切应力效果看，两台阶带仰拱一次开挖法明显优于传统台阶法。

表 4-18 最大剪切应力

施工阶段	传统台阶法最大剪切应力（MPa）	两台阶带仰拱一次开挖法最大剪切应力（MPa）	控制效果（%）
上台阶	0.49	0.43	13.95
下台阶/下台阶带仰拱	1.89	1.83	3.28
支护完成	2.43	2.11	15.17

4.4 全断面带仰拱一次开挖工法特性

4.4.1 工程概况

（1）地质情况

本研究依托于玉磨铁路立新隧道（D1K61+255～D1K66+545）。立新隧道穿越岩层主要为远古界前震旦系（Pt_1）地层，这套地层岩性较复杂，岩层主要为前震旦系鹅头厂组 Pt_1e，板岩夹灰岩、炭质千枚岩、砂岩。本段研究基于隧道 D1K65+300～D1K65+350 段（Ⅲ级围岩）展开有限差分数值模拟。

（2）结构设计

此段隧道结构为复合式衬砌，马蹄形断面，跨度为 12.82m，高度为 10.56m。隧道复合衬砌设计参数见表 4-19。本研究初支主要采用挂网喷射 C25 混凝土支护，厚度为 25cm，二衬采用 C25 模筑钢筋混凝土，厚度为 50cm。

表 4-19　Ⅲ级围岩复合衬砌设计参数

衬砌类型	喷射混凝土		钢筋网			锚杆			钢架			二次衬砌		
	施作位置	厚度(cm)	设置部位	钢筋规格(mm)	网格间距(cm)	设置部位	锚杆长度(m)	间距(m)	设置部位	钢架类型	纵向间距(m)	拱墙厚度(cm)	仰拱厚度(cm)	主筋(mm)
Ⅲa	拱、墙	12	拱部	φ8	25×25	拱部	3.0	1.2×1.5	—	—	—	40	45	—
Ⅲb	拱部 边墙	23 12	拱部	φ8	25×25	拱、墙	3.0	1.2×1.5	拱部	格栅	1.5	40	45	—

4.4.2　计算模型

整个模型模拟地层的范围为横向两端取 3～5 倍洞径（14.72m），约 60m，总宽度为 120m；模型高度取 3～5 倍洞高（14.72m），约 60m，隧道底部取 3～5 倍洞高（14.72m），约 60m，竖向总高度为 120m。计算模型的边界条件为：四周施加水平约束，下边界施加垂直约束，地表为自由面。计算模型（以三台阶带仰拱法为例）如图 4-42 所示。

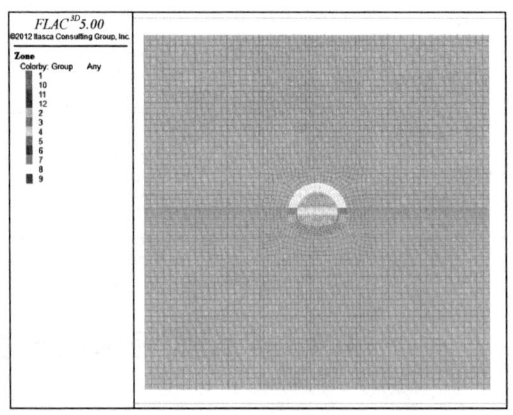

图 4-42　计算模型

4.4.3 施工方案

本段研究根据实际工程情况，拟采用传统全断面开挖法和全断面带仰拱一次开挖法进行优选分析，施工方法分别为：

（1）传统全断面开挖法施工工序为：①开挖隧道断面；②施作初期支护；③开挖仰拱；④施作仰拱。

（2）全断面带仰拱一次开挖法施工工序为：①开挖隧道断面及仰拱；②施作初期支护及仰拱。

4.4.4 计算参数

以实际地勘资料及实验研究结果为准，本节使用的模型的计算参数见表 4-20 所示。

表 4-20 材料物理力学参数

类别	重度 (kN/m³)	弹性模量 (GPa)	泊松比	黏聚力 (MPa)	内摩擦角 (°)
Ⅲ级围岩	23	6	0.26	0.71	39
锚杆加固圈	24	1.5	0.4	0.12	30
初期支护仰拱	23	20	0.2	—	—
仰拱	23	20	0.2	—	—

4.4.5 测点布置

为了解施工过程中围岩动态信息，据以判断围岩的稳定状态及施工的合理性，在本研究中，将选取拱顶、拱肩、边墙、拱脚以及仰拱等八个控制点，采集坑道周边位移及初期支护结构内部的受力及位移信息，并计算出边墙收敛值。测试点布置如图 4-43 所示。

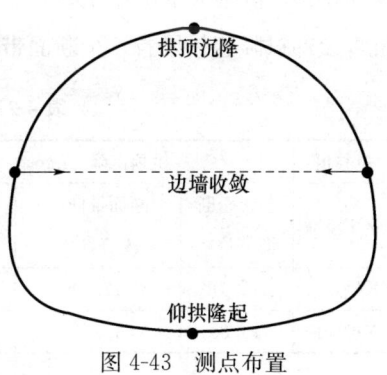

图 4-43 测点布置

4.4.6 围岩位移分析

（1）竖向位移

计算得到的传统全断面开挖法、全断面带仰拱一次开挖法在各施工步骤下的竖向位移云图,如图 4-44 和图 4-45 所示。

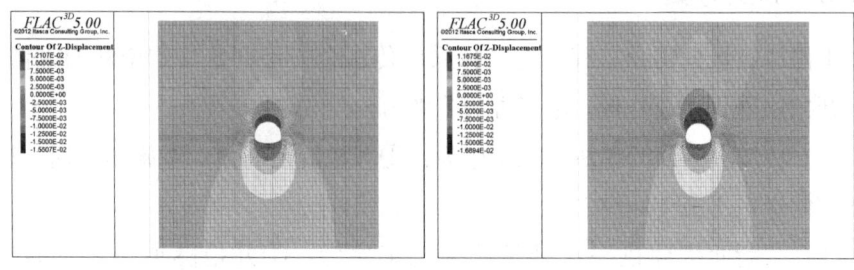

(a) 开挖阶段　　　　　　　　　(b) 支护完成

图 4-44　传统全断面开挖法施工过程竖向位移云图

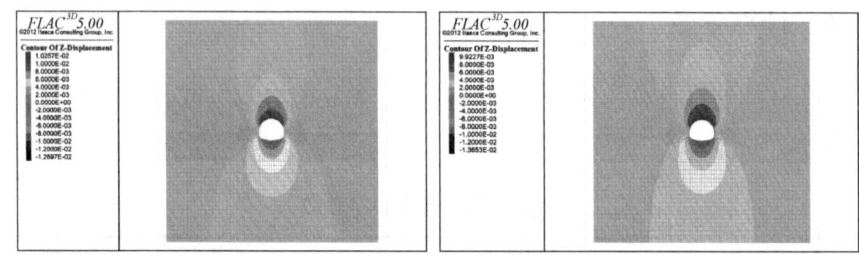

(a) 开挖阶段　　　　　　　　　(b) 支护完成

图 4-45　全断面带仰拱一次开挖法施工过程竖向位移云图

由图 4-44、图 4-45 及表 4-21 可知,传统全断面开挖法开挖阶段最大竖向位移值为 15.51mm,支护完成最大竖向位移值为 16.89mm,全断面带仰拱开挖及支护完成最大竖向位移值及仰拱隆起均有所减小,其中全断面带仰拱一次开挖法拱顶沉降最大值为 16.89mm,仰拱隆起最大值为 10.26mm,较传统全断面开挖法拱顶沉降最大值减小 19.18%,仰拱隆起最大值减小 15.28%。从控制拱顶沉降及仰拱隆起效果看,全断面带仰拱一次开挖法优于传统全断面开挖法。

表 4-21　最大竖向位移值

位移值	拱顶沉降（mm）			仰拱隆起（mm）		
施工步骤	传统全断面开挖法	全断面带仰拱一次开挖法	控制效果（%）	传统全断面开挖法	全断面带仰拱一次开挖法	控制效果（%）
开挖阶段	15.51	12.70	18.12	12.11	10.26	15.28
支护完成	16.89	13.65	19.18	11.68	9.92	15.07

(2) 水平位移

计算得到的传统全断面开挖法、全断面带仰拱一次开挖法在各施工步骤下的水平位移云图,如图 4-46 和图 4-47 所示。

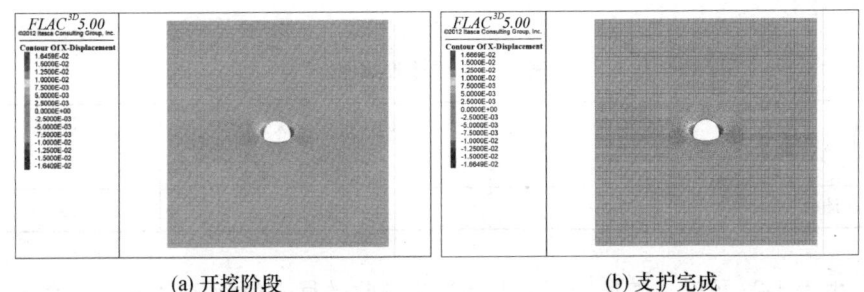

(a) 开挖阶段　　　　　　　　　(b) 支护完成

图 4-46　传统全断面开挖法施工过程水平位移云图

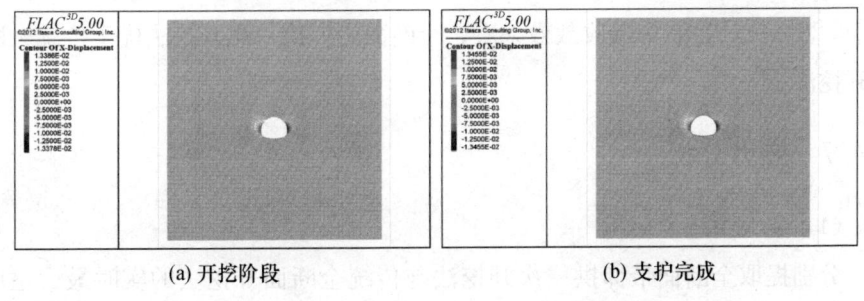

(a) 开挖阶段　　　　　　　　　(b) 支护完成

图 4-47　全断面带仰拱一次开挖法施工过程水平位移云图

由图 4-46、图 4-47 及表 4-22 可知，传统全断面开挖法开挖阶段最大水平位移值 16.46mm，支护完成最大水平位移值为 16.67mm，全断面带仰拱一次开挖法开挖及支护完成最大水平位移值及仰拱隆起均有所减小。其中，全断面带仰拱一次开挖法开挖阶段最大水平位移值为 13.39mm，较传统全断面开挖法开挖阶段最大水平位移值减小 18.65%，支护完成最大水平位移值减小 19.31%。从控制最大水平位移值效果看，全断面带仰拱一次开挖法优于传统全断面开挖法。

表 4-22　最大水平位移值

施工步骤	传统全断面开挖法（mm）	全断面带仰拱一次开挖法（mm）	控制效果（%）
开挖阶段	16.46	13.39	18.65
支护完成	16.67	13.45	19.31

（3）隧道收敛分析

计算得到的传统全断面开挖法、全断面带仰拱一次开挖法边墙收敛值，见表 4-23。

表 4-23 边墙收敛值

收敛位置	传统全断面开挖法（mm）	全断面带仰拱一次开挖法（mm）	控制效果（%）
边墙收敛	34.29	29.51	16.20

由表 4-23 可知，传统全断面开挖法边墙收敛最大值为 34.29mm，全断面带仰拱一次开挖法边墙收敛最大值为 29.51mm，全断面带仰拱开挖法最大收敛值较传统全断面开挖法有所减小，较传统全断面开挖法边墙收敛最大值减小 16.20%。从控制边墙收敛效果看，全断面带仰拱一次开挖法优于传统全断面开挖法。

4.4.7 应力分析

（1）最大主应力分析

分别提取全断面带仰拱一次开挖法与传统全断面开挖法的实时最大主应力云图，如图 4-48 和图 4-49 所示。对比分析不同施工阶段的工法最大主应力的变化趋势，并计算分析其工法应力释放控制效果。

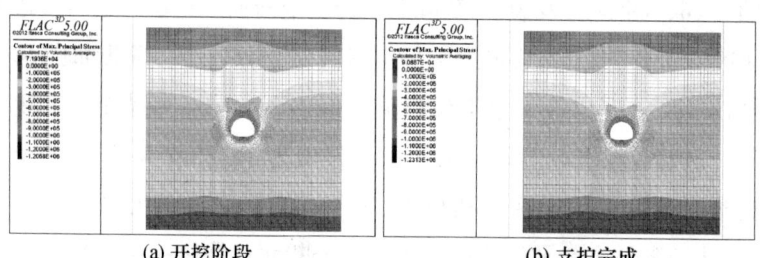

(a) 开挖阶段　　(b) 支护完成

图 4-48　传统全断面开挖法最大主应力云图

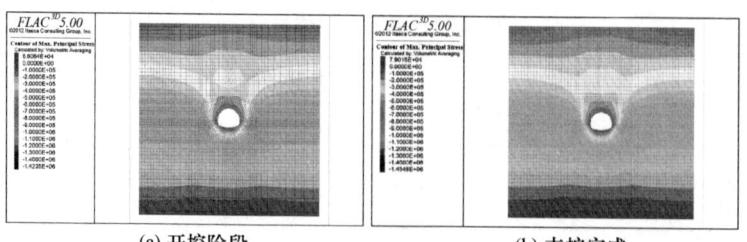

(a) 开挖阶段　　(b) 支护完成

图 4-49　全断面带仰拱一次开挖法最大主应力云图

由图 4-48、图 4-49 和表 4-24 可知，传统全断面开挖法开挖阶段、支护完成的最大主应力均大于全断面带仰拱一次开挖法的最大主应力，分别为 0.072MPa、0.091MPa。且随着施工进程的变化，最大主应力也随之增大。

表 4-24 最大主应力

施工阶段	传统全断面开挖法（MPa）	全断面带仰拱一次开挖法（MPa）	控制效果（%）
开挖阶段	0.072	0.061	18.03
支护完成	0.091	0.079	15.19

（2）最小主应力分析

分别提取全断面带仰拱一次开挖法与传统全断面开挖法的实时最小主应力云图，如图 4-50 和图 4-51 所示。对比分析不同施工阶段的工法最小主应力的变化趋势，并计算分析其工法应力释放控制效果。

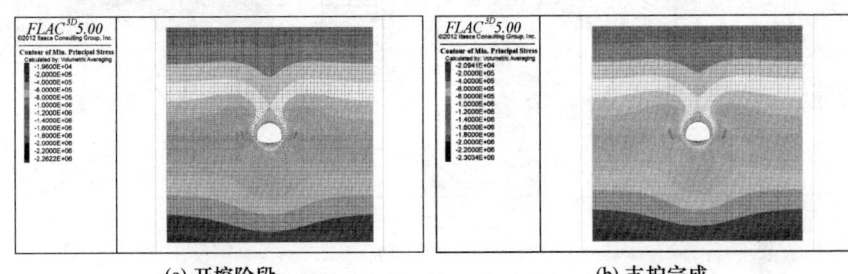

(a) 开挖阶段　　　　　　　　　　(b) 支护完成

图 4-50　传统全断面开挖法最小主应力云图

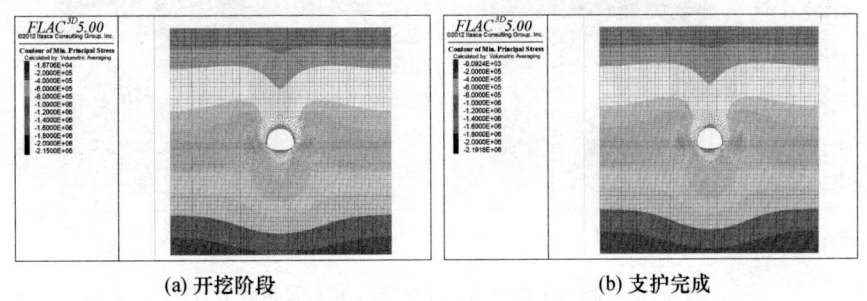

(a) 开挖阶段　　　　　　　　　　(b) 支护完成

图 4-51　全断面带仰拱一次开挖法最小主应力云图

由图 4-50、图 4-51 和表 4-25 可知，传统全断面开挖法开挖阶段、支护完成最小主应力均大于全断面带仰拱一次开挖法的最小主应力，分别为

2.26MPa、2.30MPa。且传统全断面开挖法随着施工进程的变化，最小主应力也随之增大。

表 4-25 最小主应力

施工阶段	传统全断面开挖法（MPa）	全断面带仰拱一次开挖法（MPa）	控制效果（%）
开挖阶段	2.26	2.15	5.12
支护完成	2.30	2.19	5.02

（3）最大剪切应力分析

分别提取全断面带仰拱一次开挖法与传统全断面开挖法的实时最大剪切应力云图，如图 4-52 和图 4-53 所示。对比分析不同施工阶段的工法最大剪切应力的变化趋势，并计算分析其工法应力释放控制效果。

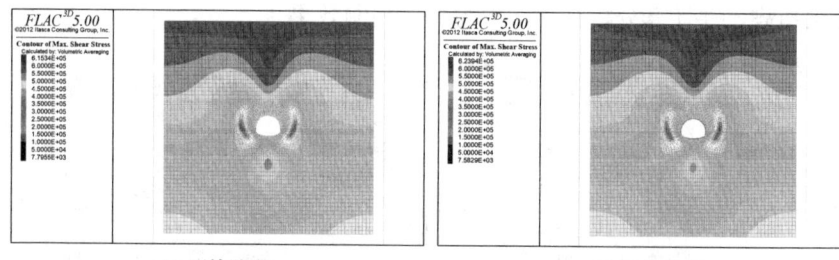

(a) 开挖阶段　　　　　　　　　(b) 支护完成

图 4-52 传统全断面开挖法最大剪切应力云图

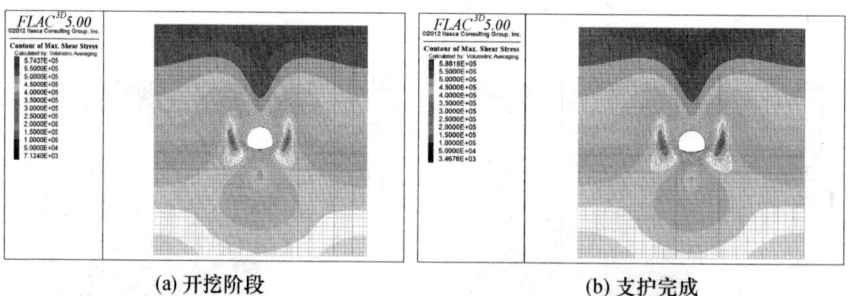

(a) 开挖阶段　　　　　　　　　(b) 支护完成

图 4-53 全断面带仰拱一次开挖法最大剪切应力云图

由图 4-52、图 4-53 和表 4-26 可知，传统全断面开挖法开挖阶段、支护完成的最大剪切应力均大于全断面带仰拱一次开挖法的最大剪切应力，分别为 0.62MPa、0.62MPa。且随着施工进程的变化，最大剪切应力也随之增大。

表 4-26 最大剪切应力

施工阶段	传统全断面开挖法（MPa）	全断面带仰拱一次开挖法（MPa）	控制效果（%）
开挖阶段	0.62	0.57	8.77
支护完成	0.62	0.59	4.84

4.5 本章小结

（1）在拱顶沉降控制方面，CRD法的拱顶位移值最小，其次为三台阶带仰拱一次开挖法，最大沉降值分别为64.33mm、65.44mm，控制效果分别为21.64%、20.29%。在仰拱隆起控制方面，CD法的仰拱隆起值最小，其次为三台阶带仰拱一次开挖法，最大隆起值分别为33.30mm、57.02mm，控制效果分别为21.64%、20.29%。三台阶带仰拱一次开挖法对上台阶收敛控制效果最优，为32.72%，CD法和CRD法对下台阶收敛控制效果最优，分别为40.74%、62.30%。四种施工方案中，三台阶带仰拱一次开挖法在支护完成阶段的最大主应力、最小主应力和最大剪切应力均为最小，且较传统三台阶法分别减小49.13%、12.23%和12.30%。综合计算结果及施工经济性考虑，三台阶带仰拱一次开挖法优于其他三种施工方案。

（2）两台阶带仰拱一次开挖法较传统两台阶法拱顶沉降最大值减小11.93%，仰拱隆起最大值减小8.95%。两台阶带仰拱一次开挖法较传统两台阶法开挖阶段最大水平位移值减小8.60%。两台阶带仰拱一次开挖法下收敛值较传统两台阶法有所减小，控制效果为13.92%。两台阶带仰拱一次开挖法支护完成时较传统两台阶法开挖阶段最大主应力减小22.22%。两台阶带仰拱一次开挖法支护完成时较传统两台阶法开挖阶段最小主应力减小15.38%。两台阶带仰拱一次开挖法支护完成时较传统台阶法开挖阶段最大剪切应力减小15.17%。综上所述，两台阶带仰拱一次开挖法优于传统两台阶法。

（3）全断面带仰拱一次开挖法较传统全断面开挖法拱顶沉降最大值减小19.18%，仰拱隆起最大值减小8.95%。全断面带仰拱一次开挖法较传统全断面开挖法开挖阶段最大横向位移值减小15.28%。全断面带仰拱一次开挖法边墙收敛值较传统全断面开挖法有所减小，控制效果为19.31%。全断面带仰拱一次开挖法支护完成时较传统全断面开挖法开挖阶段最大主应力减小18.03%。全断面带仰拱一次开挖法支护完成时较传统全断面开挖法开挖阶段最小主应力减小5.12%。全断面带仰拱一次开挖法支护完成时较传统全断面开挖法开挖阶段最大剪切应力减小8.77%。综上所述，全断面带仰拱一次开挖法优于传统全断面开挖法。

第 5 章　监测方案及数据反馈分析

5.1　监测方案

5.1.1　主要技术标准

工程设计为国家Ⅰ级电气化铁路，其中玉溪至西双版纳双线、西双版纳至磨憨单线，设计行车速度 160km/h；牵引种类：电力；最小曲线半径：一般 2000m，困难 1600m；限制坡度：玉溪至西双版纳 12‰，加力坡 24‰，西双版纳至磨憨 12‰；到发线有效长度：玉溪至西双版纳段 880m，西双版纳至磨憨段 850m；闭塞类型：玉溪至西双版纳自动闭塞，西双版纳至磨憨自动站间闭塞。

主要工程内容和数量见表 5-1。

表 5-1　玉磨铁路 YMZQ-3 标隧道表

序号	隧道名称	进口里程	中心里程	出口里程	长度（m）
1	田房隧道	D1K45+545.00	D1K45+635.00	D1K45+725.00	180
2	扬武隧道	D1K46+285.00	D1K53+702.50	D1K61+120.00	14835
3	立新隧道	D1K61+235.00	D1K63+893.50	D1K66+552.00	5317
4	月牙田隧道	D1K67+580.00	D1K70+990.00	D1K74+400.00	6820

5.1.2　监控量测目的

监控量测是确保施工安全及结构的长期稳定性，实时监测暗挖隧道支护结构和周围岩层的变形特征，为施工日常管理提供信息，保证施工安全。为确保各隧道施工安全，通过对围岩变化情况及支护结构的工作状态的量测，掌握施工中围岩稳定程度和支护结构受力、变形的力学动态和信息，预见事故和险情，作为调整和修改支护设计的依据以便确定施工方案、施工工序、

指导施工,从而指导施工队伍安全高效施工。通过监控量测可以达到以下目的:

(1) 掌握初支变形,指导现场处置,保障施工安全。

(2) 为调整施工方法提供参考。

(3) 为二衬施作时机提供指导。

(4) 为进行动态设计提供参考。

5.1.3 技术、质量标准及控制要点

1. 监控量测项目

目前标段主要工围岩量测项目见表5-2。

表5-2 主要工围岩量测项目

序号	监测项目	测试方法和仪表	测试精度(mm)	备注
1	洞内、外观察	现场观察、数码相机、地质罗盘仪	—	—
2	二次衬砌前净空变化	隧道净空变化测定仪(收敛计、隧道激光断面仪、全站仪)	0.1	全站仪采用非接触观测法
3	拱顶下沉	水准测量的方法,水准仪、钢挂尺或全站仪	0.5~1	一般进行水平收敛量测
4	地表下沉	水准测量的方法,水准仪、钢钢尺或全站仪	0.5~1	浅埋隧道必测 ($H_0 \leqslant 2B$)
5	二次衬砌后净空变化	隧道净空变化测定仪(收敛计、隧道激光断面仪、全站仪)	0.1	—

注:H_0为隧道埋深;B为隧道最大开挖宽度。

2. 监控量测断面及测点布置原则

监控量测断面及测点布置原则见表5-3、表5-4、表5-5。

表5-3 地表沉降测点纵向间距

隧道埋深与开挖宽度、高度	纵向测点间距(m)
$2B < H_0 \leqslant 2(B+H)$	15~30
$B < H_0 \leqslant 2B$	10~15
$H_0 \leqslant B$	5~10

注:H_0为隧道埋深;B为隧道最大开挖宽度;H为隧道开挖高度。

表 5-4　必测项目监控量测断面间距

围岩级别	断面间距（m）
Ⅱ	50
Ⅲ	30
Ⅳ	10
Ⅴ～Ⅵ	5

表 5-5　净空变化量测测线数

开挖方法＼地段	一般地段	特殊地段
全断面法	一条水平测线	—
台阶法	每台阶一条水平测线	每台阶一条水平测线，两条斜测线
分部开挖法	每分部一条水平测线	CD 法或 CRD 法上部，双侧壁导坑法左右侧部，每分部一条水平测线，两条斜测线，其余每分部一条水平测线

3. 监控量测频率

监控量测频率见表 5-6、表 5-7。

表 5-6　按距开挖面距离确定的监控量测频率

量测断面距开挖工作面的距离（m）	量测频率
(0～1) B	2 次/d
(1～2) B	1 次/d
(2～5) B	1 次/(2～3d)
≥5B	1 次/7d

表 5-7　按位移速度确定的监控量测频率

变形速度（mm/d）	量测频率
≥5	2 次/d
1～5	1 次/d
0.5～1	1 次/(2～3d)
0.2～0.5	1 次/3d
<0.2	1 次/7d

注：1. B 为隧道开挖宽度；

2. 当监测项目的累计变化值接近或超过报警值时，应加大监测频率；

3. 当变形曲线趋于平缓时，在有充足的数据判断变化趋于稳定，可以停止相应项目的监测工作，并经工程师批准。

4. 监控量测控制基准

监控量测控制基准应根据地质条件、隧道施工安全性、隧道结构的长期稳定性，以及周围建（构）筑物特点和重要性等因素制定。具体见表5-8、表5-9。

表5-8 跨度 $7m<B\leqslant 12m$ 隧道初期支护极限相对位移

围岩级别	隧道埋深（m）		
	$h\leqslant 50$	$50<h\leqslant 300$	$300<h\leqslant 500$
拱脚水平相对净空变化（%）			
Ⅱ	—	0.01～0.03	0.01～0.08
Ⅲ	0.03～0.10	0.08～0.40	0.30～0.60
Ⅳ	0.10～0.30	0.20～0.80	0.70～1.20
Ⅴ	0.20～0.50	0.40～2.00	1.80～3.00
拱顶相对下沉（%）			
Ⅱ	—	0.03～0.06	0.05～0.12
Ⅲ	0.03～0.06	0.04～0.15	0.12～0.30
Ⅳ	0.06～0.10	0.08～0.40	0.30～0.80
Ⅴ	0.08～0.16	0.14～1.10	0.80～1.40

表5-9 隧道初期支护极限相对位移（跨度 $B\leqslant 7m$）

围岩级别	隧道埋深（m）		
	$h\leqslant 50$	$50<h\leqslant 300$	$300<h\leqslant 500$
拱脚水平相对净空变化（%）			
Ⅱ	—	—	0.20～0.60
Ⅲ	0.10～0.50	0.40～0.70	0.60～1.50
Ⅳ	0.20～0.70	0.50～2.60	2.40～3.50
Ⅴ	0.30～1.00	0.80～3.50	3.00～5.00
拱顶相对下沉（%）			
Ⅱ	—	0.01～0.05	0.04～0.08
Ⅲ	0.01～0.04	0.03～0.11	0.10～0.25
Ⅳ	0.03～0.07	0.06～0.15	0.10～0.60
Ⅴ	0.06～0.12	0.10～0.60	0.50～1.20

注：1. 本表适用于复合式衬砌的初期支护，硬质围岩隧道取表中较小值，软质围岩隧道取表中较大值。表列数值可以在施工中通过实测资料积累作适当的修正；

2. 拱脚水平相对净空变化指拱脚测点间净空水平变化值与其距离之比，拱顶相对下沉指拱顶下沉值减去隧道下沉值后与原拱顶至隧底高度之比；

3. 初期支护墙腰水平相对净空变化极限值可按拱脚水平相对净空变化极限值乘以1.1～1.2后采用。

位移控制基准应根据测点距开挖面的距离，由初期支护极限相对位移要求确定（表 5-10）。

表 5-10　位移控制基准

类别	距开挖面 $1B$（U_{1B}）	距开挖面 $2B$（U_{2B}）	距开挖面较远
允许值	$65\%U_0$	$90\%U_0$	$100\%U_0$

注：B 为隧道开挖宽度，U_0 为极限相对位移值。

根据位移变化速度：净空变化速度持续大于 5.0mm/d 时，表明围岩处于急剧变化状态，应加强初期支护系统；水平收敛（拱脚附近）速度小于 0.2mm/d，拱部下沉速度小于 0.15mm/d，围岩基本达到稳定。

根据围岩回归位移时态曲线的形态：当围岩位移速度不断下降时，表示围岩趋于稳定状态；当位移速度保持不变时，表示围岩不稳定；当位移速度不断上升时，围岩进入危险状态，必须立即停止掘进，加强支护。

根据量测结果可按变形管理等级指导施工（表 5-11）。

表 5-11　位移管理等级

管理等级	距开挖面 $1B$	距开挖面 $2B$（U_{2B}）	施工状态
Ⅲ	$U<U_{1B}/3$	$U<U_{2B}/3$	可正常施工
Ⅱ	$U_{1B}/3 \leqslant U \leqslant 2U_{1B}/3$	$U_{2B}/3 \leqslant U \leqslant 2U_{2B}/3$	应加强支护
Ⅰ	$U>2U_{1B}/3$	$U>2U_{2B}/3$	应采取特殊措施

注：U 为实测位移值。

（1）一般情况下，二次衬砌的施作应在满足下列要求时进行：

① 隧道水平净空变化速度及拱顶或底板垂直位移速度明显下降。

② 隧道位移相对值已达到总相对位移量的 90% 以上。

（2）对浅埋、软弱围岩等特殊地段，应视现场具体情况确定二次衬砌施作时间。

（3）各项监控量测作业均应持续到变形基本稳定后 2～3 周。

5. 洞内、洞外观察

监测目的：通过对洞内开挖面地质情况，包括已施工地段喷射混凝土、钢拱架或格栅钢架变形等工作状态，以及洞外地表开裂、包括地表变形、边仰坡稳定状态、地表水渗漏、地面建筑物稳定等情况的观察，第一时间发现问题。

监测内容和方法：

(1)洞内已施工地段观察：喷射混凝土、钢拱架或格栅钢架变形等工作状态。主要观察内容如下：

① 初期支护完成后对喷层表面的观察以及裂缝状况的描述和记录，要特别注意喷射混凝土是否开裂和剥落。

② 钢拱架或格栅钢架有无扭曲变形、整体下沉等现象。

③ 拱架或围岩有无异响。

(2)洞外观察：重点应在洞口段和洞身浅埋段，记录地表开裂、地表变形、边坡及仰坡稳定状态、地表水渗漏情况等，同时还应对地面建（构）筑物进行观察。

5.1.4 拱顶下沉和水平收敛监测

监测目的：掌握初支变形情况，指导现场处置，保障施工安全；为调整施工方法提供参考；为二衬施作时机提供指导；为进行动态设计提供参考。

监测仪器：全站仪。

测点布设原则：

① 测点布设应按施工方法区分，按图 5-1～图 5-4 所示进行布置，其他特殊地段施工方法的测点布设根据现场实际情况进行布置。

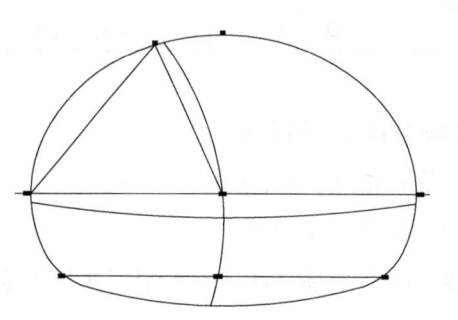
图 5-1 CRD 法施工时测线测点布置图

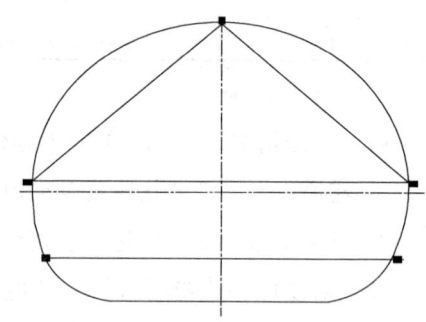
图 5-2 两台阶法施工测线布置图

② 拱顶下沉和水平收敛测点应布置在同一断面上。

③ 初支应与围岩密贴，测点埋设在钢架、格栅等初期支护上或锚固在岩壁上。

④ 测点应在初支支护后立即埋设。

⑤ 初始读数应在测点埋设 12h 内读取。

⑥拱顶下沉测点应埋设在拱顶轴线附近，周期性复核后视点，保证其数据可靠性。

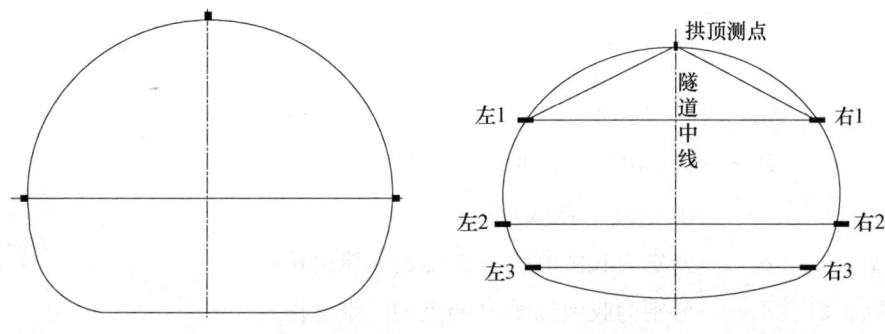

图 5-3 全断面法施工时测线测点布置图　　图 5-4 三台阶法测点和测线布置图

(1) 测试方法

① 测点埋设：测点由基座和反射膜片组成，基座由 5cm×5cm 钢板及 ϕ16mm 的钢筋焊接而成，待掌子面开挖完毕后，将基座固定在初支上或锚固在岩壁上，然后把反射膜片粘贴到基座上面。

② 标示要求：测点布设以后，在测点位置用红色油漆做醒目标识，每个断面左右侧各布设 1 个标示牌，及时记录展示相关信息，监测点上严禁悬挂物品。

③ 保护要求：测点及时进行布设，并做好保护，防止破坏；现场监测与施工必须紧密配合，施工现场应提供监测工作时间，保证监测工作的正常进行，监测测点的埋设计划应列入工程施工进度控制计划中。

④ 破坏与松动处理要求：如果测点被破坏，应在被破坏测点附近补埋，重新进行数据采集；如果测点出现松动，则应及时加固，重新读取初读数。

(2) 数据采集

拱顶下沉测点在数据采集时，数值采用绝对高程，周边收敛则采用自由设站的方式进行测量，在能看到测点的地方自由架设全站仪，对中整平，量测收敛水平线两端点的相对坐标 (X_a、Y_a、Z_a) 和 (X_b、Y_b、Z_b)。

(3) 数据计算

沉降计算：测点前后两次绝对高程之差就是本次沉降值，本次绝对高程与初始绝对高程之差即为累计沉降值。

收敛计算：采用测点的三维坐标，通过两点间计算公式计算出收敛侧线的长度，前后两次收敛侧线长度之差就是本次收敛变形，本次收敛侧线长度与初始收敛侧线长度之差即为累计收敛变形，即：

$$\Delta L = L_i - L_{i-1} \tag{5-1}$$

$$L_i = \sqrt{(X_a - X_b)^2 + (Y_a - Y_b)^2 + (Z_a - Z_b)^2} \tag{5-2}$$

式中　　ΔL——本次收敛变形；

　　　　L_i——第 i 次侧线长度；

　　　　L_{i-1}——第 $i-1$ 次侧线长度；

X_a、Y_a、Z_a——分别为收敛侧线 A 测点的三维坐标；

X_b、Y_b、Z_b——分别为收敛侧线 B 测点的三维坐标。

采用全站仪测量时，测点应采用膜片式回复反射器作为测点靶标，靶标贴附在预埋件上。主要方法：测量人员使用手机量测客户端，利用蓝牙传输功能从全站仪接收监测数据，并将数据保存在客户端，在有网络的情况下将数据上传至服务器，由服务器自动计算出隧道围岩变形情况。

（4）数据处理

① 首先绘制时间-位移曲线图和距离-位移曲线图。如图5-5所示。

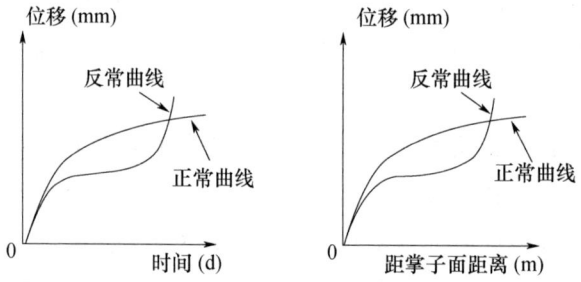

图5-5　时间-位移曲线图和距离-位移曲线图

② 其次，当位移-时间曲线趋于平缓时，可选取合适的函数形式进行回归分析。

③ 图中所示正常曲线，是位移的变化随时间和距掌子面距离向前推进而渐趋稳定，说明围岩处于稳定状态，支护系统是有效、可靠的；图中所示的反常曲线，已出现了反弯点，说明位移出现反常的急骤增长现象，表明围岩和支护已呈不稳定状态，应立即采取相应的工程技术措施。

（5）监控量测数据分析处理

监控量测数据的分析处理应包括数据校核、数据整理及数据分析。

每次观测后应立即对观测数据进行校核,如有异常应及时补测。

每次观测后应及时对观测数据进行整理,包括观测数据计算、填表制图、误差处理等。

监控量测数据的分析应包括以下主要内容:

① 根据量测值绘制时态曲线。

② 选择回归曲线,预测最终值,并与控制基准进行比较。

③ 对支护及围岩状态、工法、工序进行评价。

④ 及时反馈评价结论,并提出相应工程对策建议。

⑤ 监控量测数据可采用指数模型、对数模型、双曲线模型、分段函数、经验公式等进行分析,并预测最终值。

爆破振动安全允许距离,可根据爆破振动速度计算(表 5-12)。

表 5-12 爆破区不同岩性的 K、α 值

岩 性	K	α
坚硬岩石	50～150	1.3～1.5
中硬岩石	150～250	1.5～1.8
软岩石	250～350	1.8～2.0

注:K、α 分别为与爆破点至计算保护对象间的地形、地质条件有关的系数和衰减指数。

5.1.5 监控量测数据采集、分析反馈及工程对策

1. 监测数据采集

隧道开挖后,埋设测点预埋件,将信息化系统建立的基础信息下载至手机,之后手机与全站仪进行连接,通过手机操作实现监测数据的采集,经确认无误后,上传至数据中心(图 5-6)。

2. 监测数据分析反馈

(1) 量测资料整理

使用电子计算机对量测资料进行整理分析,具体流程如图 5-7 所示。

(2) 实时分析

应用隧道施工监测信息化平台系统,实时反馈监测信息,根据反馈信息,分析监测数据,核查现场情况,提出相应的工程对策与建议。

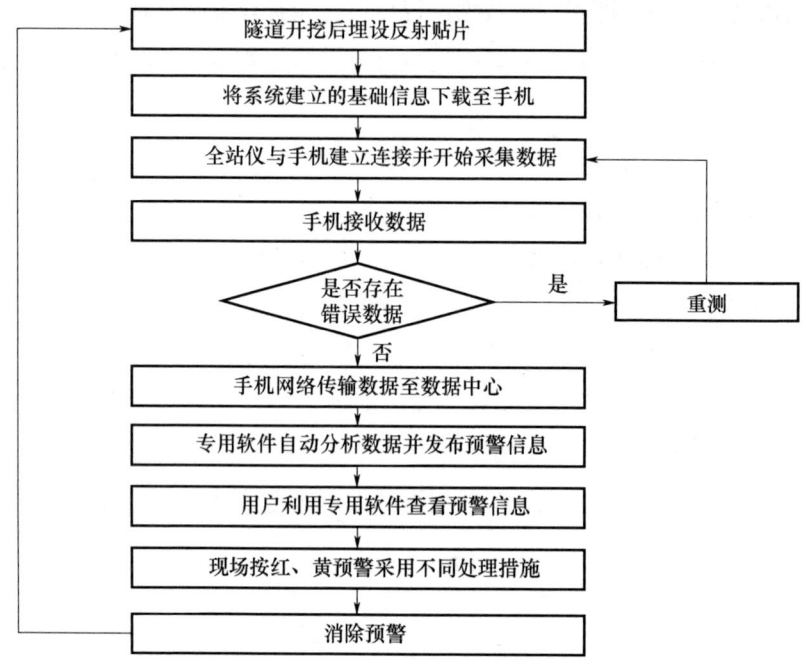

图 5-6 监控量测信息化系统工作流程图

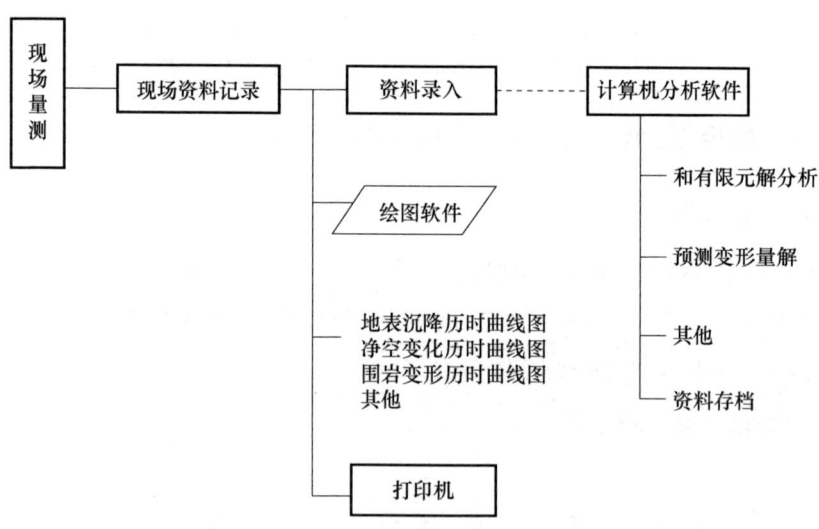

图 5-7 电子计算机量测处理系统图

(3) 阶段分析

按周、月进行阶段分析,总结监控量测数据的变化规律,对施工情况进行评价,提交阶段分析报告,指导后续施工。

监控量测信息反馈应根据监控量测数据分析结果,对工程安全性进行评价,并提出相应工程对策与建议(表 5-13)。监控量测信息反馈可按图 5-8 规定的程序进行。

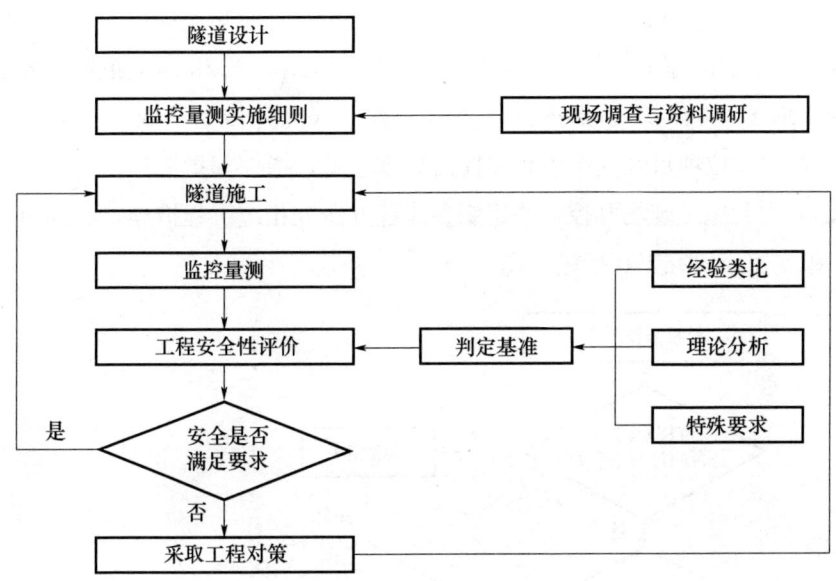

图 5-8 监控量测信息反馈程序框图

表 5-13 工程安全性评价分级及相应应对措施

管理等级	应对措施
Ⅲ	正常施工
Ⅱ	综合评价设计施工措施,加强监控量测,必要时采取相应工程对策
Ⅰ	暂停施工,采取相应工程对策

量测小组应在规定的时间内完成数据采集和分析,根据分析结果,对工程安全性提出评价意见,评价应根据位移管理等级分三级进行,并按规定采取相应的工程对策,并报项目部总工程师。监控量测所有原始资料和分析判释结论须随施工日志放置在隧道口备查。

当监控量测位移管理达到Ⅲ级时(3mm/d),由现场监控量测组长将量测原始资料和分析结果通报现场技术主管和现场监理工程师正常施工。

当监控量测位移管理达到Ⅱ级时(4mm/d),由现场监控量测组长将量测原始资料和分析结果通报现场技术主管和现场监理工程师,同时于 2h 内上报项目部总工程师、专业监控量测评估单位、现场指挥部。施工单位总工程师组织研究提出具体意见,指挥部 8h 内组织参建各方对设计施工措施进行综合评价。

当监控量测位移管理达到Ⅰ级管理值以及拱顶下沉、水平收敛达 5mm/d 或位移累计达 100mm 时,由现场监控量测组长及时通知现场技术主管、现场监理工程师暂停施工,并将量测原始资料和分析结果于 2h 内上报项目部项目经理、总工程师、现场指挥部、公司工程部(可先传电子版,后报纸质文档)。施工单位项目经理组织研究提出具体意见,指挥部指挥长、公司工程部部长 8h 内到施工现场盯控,并组织参建各方研究相应工程措施,必要时由公司组织专家组研究工程措施(图 5-9)。

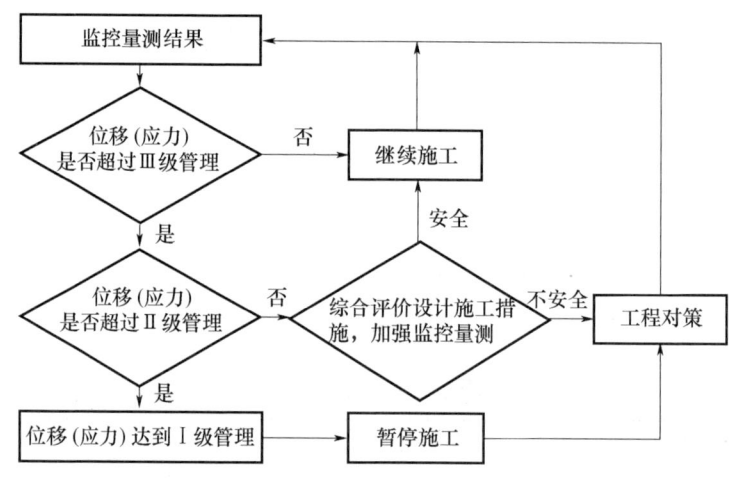

图 5-9 工程安全性评价流程

3. 工程对策主要内容

(1) 一般措施:稳定开挖工作面措施;调整开挖方法;调整初期支护强度和刚度并及时支护;降低爆破振动影响;围岩与支护结构间回填注浆。

(2) 辅助施工措施:地层预处理,包括注浆加固、降水、冻结等方法;超前支护,包括超前锚杆(管)、管棚、超前插板、水平高压旋喷法、预切槽法等。

(3) 对照勘测阶段的地质资料,预测、预报地质条件变化及其对施工的影响。断层及破碎带的预报。涌水(涌水地点、涌水量大小、地下水的泥质含量)预报。岩爆的预测、预报。

5.2 监测反馈

5.2.1 三台阶带仰拱一次开挖法监测反馈

提取新平隧道D1K58+955断面的监测数据,分析其拱顶沉降、上台阶收敛、中台阶收敛及下台阶收敛的变化规律,如表5-14、表5-15、表5-16、表5-17、图5-10、图5-11所示。

表5-14 拱顶沉降监测表

时间	测点编号	拱顶沉降(m)	变形(mm)	累积(mm)
2018/10/5 7:30	GDXC58+955	1389.759	初测	0
2018/10/6 21:30	GDXC58+955	1389.749	3.6	9.7
2018/10/7 7:30	GDXC58+955	1389.746	3.0	12.7
2018/10/8 22:00	GDXC58+955	1389.845	3.1	20.9
2018/10/9 21:30	GDXC58+955	1389.843	1.1	22.6
2018/10/10 20:00	GDXC58+955	1389.840	1.6	25.3
2018/10/11 20:00	GDXC58+955	1389.756	3.4	28.7
2018/10/12 22:00	GDXC58+955	1389.753	1.2	31.5
2018/10/13 21:00	GDXC58+955	1389.753	0.9	31.6
2018/10/14 21:00	GDXC58+955	1389.750	2.2	35.2
2018/10/15 20:00	GDXC58+955	1389.749	2.2	36.3
2018/10/16 21:00	GDXC58+955	1389.750	1.2	34.9
2018/10/17 20:00	GDXC58+955	1389.745	1.6	40.2
2018/10/18 21:00	GDXC58+955	1389.751	−0.5	39.7
2018/10/19 23:30	GDXC58+955	1389.746	−0.9	44.6
2018/10/20 19:00	GDXC58+955	1389.743	1.2	48.3
2018/10/21 20:00	GDXC58+955	1389.741	2.8	50.1
2018/10/22 20:30	GDXC58+955	1389.741	0.6	50.4
2018/10/23 20:00	GDXC58+955	1389.736	2.2	55.0
2018/10/24 20:00	GDXC58+955	1389.734	2.3	56.5
2018/10/25 20:00	GDXC58+955	1389.739	−2.0	51.6
2018/10/26 21:00	GDXC58+955	1389.735	2.8	55.8
2018/10/27 21:00	GDXC58+955	1389.731	2.7	59.8
2018/10/28 21:00	GDXC58+955	1389.737	−2.8	54.2
2018/10/29 20:00	GDXC58+955	1389.734	2.7	56.8
2018/10/30 20:00	GDXC58+955	1389.735	1.4	55.8

续表

时间	测点编号	拱顶沉降（m）	变形（mm）	累积（mm）
2018/10/31 21:00	GDXC58+955	1389.731	2.8	59.8
2018/11/1 22:00	GDXC58+955	1389.728	1.5	63.3
2018/11/2 22:00	GDXC58+955	1389.729	1.3	62.1
2018/11/3 21:00	GDXC58+955	1389.730	1.7	61.0
2018/11/4 21:30	GDXC58+955	1389.730	1.7	61.0
2018/11/5 15:00	GDXC58+955	1389.728	2.3	63.3
2018/11/6 15:00	GDXC58+955	1389.728	−0.7	62.6
2018/11/7 13:00	GDXC58+955	1389.727	1.7	64.3
2018/11/8 17:00	GDXC58+955	1389.730	−2.9	61.4
2018/11/9 10:00	GDXC58+955	1389.728	1.9	63.3
2018/11/10 8:00	GDXC58+955	1389.727	0.2	63.5
2018/11/11 12:00	GDXC58+955	1389.726	1.5	65.0
2018/11/12 12:00	GDXC58+955	1389.724	2.2	67.2
2018/11/13 12:00	GDXC58+955	1389.722	1.6	68.8
2018/11/14 14:00	GDXC58+955	1389.721	0.7	69.5

表 5-15 上台阶收敛监测表

时间	测点编号	上台阶收敛（m）	变形（mm）	累积（mm）
2018/10/7 7:30	GDXC58+955	11.2018	初测	0
2018/10/8 22:00	GDXC58+955	11.4201	2.7	7.3
2018/10/9 21:30	GDXC58+955	11.4549	0.6	7.9
2018/10/10 20:00	GDXC58+955	11.4509	2.4	11.9
2018/10/11 20:00	GDXC58+955	11.3769	2.6	14.5
2018/10/12 22:00	GDXC58+955	11.3722	3	19.2
2018/10/13 21:00	GDXC58+955	11.3691	1.1	22.3
2018/10/14 21:00	GDXC58+955	11.3682	−0.7	23.2
2018/10/15 20:00	GDXC58+955	11.3644	1.7	27.0
2018/10/16 21:00	GDXC58+955	11.3601	1.7	31.3
2018/10/17 20:00	GDXC58+955	11.3552	2.1	36.2
2018/10/18 21:00	GDXC58+955	11.0556	1.6	37.8
2018/10/19 23:30	GDXC58+955	11.0239	破坏重测	83.6
2018/10/20 19:00	GDXC58+955	11.0151	4.5	92.4
2018/10/21 20:00	GDXC58+955	11.0088	2.55	98.7
2018/10/22 20:30	GDXC58+955	11.0098	2.8	97.7
2018/10/23 20:00	GDXC58+955	11.0059	2.7	101.6
2018/10/24 20:00	GDXC58+955	11.0009	−0.7	106.6

续表

时间	测点编号	上台阶收敛（m）	变形（mm）	累积（mm）
2018/10/25 20：00	GDXC58+955	11.0021	−0.7	105.4
2018/10/26 21：00	GDXC58+955	11.0017	2.1	105.8
2018/10/27 21：00	GDXC58+955	11.0008	2.1	106.7
2018/10/28 21：00	GDXC58+955	10.9944	1.6	113.1
2018/10/29 20：00	GDXC58+955	10.9922	2.4	115.3
2018/10/30 20：00	GDXC58+955	10.9951	1.3	112.4
2018/10/31 21：00	GDXC58+955	10.9912	2.1	116.3
2018/11/1 22：00	GDXC58+955	10.9871	1.8	120.4
2018/11/2 22：00	GDXC58+955	10.9886	1.3	118.9
2018/11/3 21：00	GDXC58+955	10.9821	1.8	125.4
2018/11/4 21：30	GDXC58+955	10.9304	1.9	127.3
2018/11/5 15：00	GDXC58+955	10.9293	1.1	128.4
2018/11/6 15：00	GDXC58+955	10.9309	−1.6	126.8
2018/11/7 13：00	GDXC58+955	10.9286	2.3	129.1
2018/11/8 17：00	GDXC58+955	10.9294	−0.8	128.3
2018/11/9 10：00	GDXC58+955	10.9285	0.9	129.2
2018/11/10 8：00	GDXC58+955	10.9278	0.7	129.9
2018/11/11 12：00	GDXC58+955	10.9262	1.6	131.5
2018/11/12 12：00	GDXC58+955	10.9229	3.3	134.8
2018/11/13 12：00	GDXC58+955	10.9208	2.1	136.9
2018/11/14 14：00	GDXC58+955	10.9199	0.9	137.8

表 5-16　中台阶收敛监测表

时间	测点编号	中台阶收敛（m）	变形（mm）	累积（mm）
2018/10/12 22：00	GDXC58+955	12.4198	1.6	1.6
2018/10/13 21：00	GDXC58+955	12.4156	2.8	5.8
2018/10/14 21：00	GDXC58+955	12.4131	0.8	8.3
2018/10/15 20：00	GDXC58+955	12.4104	1.5	11.0
2018/10/16 21：00	GDXC58+955	12.4062	1.9	15.2
2018/10/17 20：00	GDXC58+955	12.4025	2.3	18.9
2018/10/18 21：00	GDXC58+955	12.3335	2.3	21.2
2018/10/19 23：30	GDXC58+955	12.2950	7.0	59.7
2018/10/20 19：00	GDXC58+955	12.2853	4.7	69.4
2018/10/21 20：00	GDXC58+955	12.2801	3.5	74.6
2018/10/22 20：30	GDXC58+955	12.2649	9.3	89.8
2018/10/23 20：00	GDXC58+955	12.2664	1.2	88.3

续表

时间	测点编号	中台阶收敛（m）	变形（mm）	累积（mm）
2018/10/24 20：00	GDXC58＋955	12.2666	0.6	88.1
2018/10/25 20：00	GDXC58＋955	12.2645	1.1	90.2
2018/10/26 21：00	GDXC58＋955	12.2609	1.5	93.8
2018/10/27 21：00	GDXC58＋955	12.2566	1.8	98.1
2018/10/28 21：00	GDXC58＋955	12.2621	－2.7	92.6
2018/10/29 20：00	GDXC58＋955	12.2614	1.2	93.3
2018/10/30 20：00	GDXC58＋955	12.2642	1.1	90.5
2018/10/31 21：00	GDXC58＋955	12.2604	0.9	94.3
2018/11/1 22：00	GDXC58＋955	12.2602	1.4	94.5
2018/11/2 22：00	GDXC58＋955	12.2599	－0.5	94.8
2018/11/3 21：00	GDXC58＋955	12.2549	1.1	99.8
2018/11/4 21：30	GDXC58＋955	12.1625	－0.6	99.2
2018/11/5 15：00	GDXC58＋955	12.1609	1.6	100.8
2018/11/6 15：00	GDXC58＋955	12.1620	－1.1	99.7
2018/11/7 13：00	GDXC58＋955	12.1629	－0.9	98.8
2018/11/8 17：00	GDXC58＋955	12.1588	4.1	102.9
2018/11/9 10：00	GDXC58＋955	12.1581	0.7	103.6
2018/11/10 8：00	GDXC58＋955	12.1576	0.5	104.1
2018/11/11 12：00	GDXC58＋955	12.1560	1.6	105.7
2018/11/12 12：00	GDXC58＋955	12.1540	2.0	107.7
2018/11/13 12：00	GDXC58＋955	12.1545	－0.5	107.2
2018/11/14 14：00	GDXC58＋955	12.1535	1	108.2

表 5-17 下台阶收敛监测表

时间	测点编号	下台阶收敛（m）	变形（mm）	累计（mm）
2018/10/15 20：00	GDXC58＋955	12.2181	2.0	2
2018/10/16 21：00	GDXC58＋955	12.2154	1.1	4.7
2018/10/17 20：00	GDXC58＋955	12.2115	1.8	8.6
2018/10/18 21：00	GDXC58＋955	12.2089	1.2	11.2
2018/10/19 23：30	GDXC58＋955	12.2034	0.6	16.7
2018/10/20 19：00	GDXC58＋955	12.2010	1.1	19.1
2018/10/21 20：00	GDXC58＋955	12.1979	2.1	22.2
2018/10/22 20：30	GDXC58＋955	12.1928	3.0	27.3
2018/10/23 20：00	GDXC58＋955	12.1901	1.1	30
2018/10/24 20：00	GDXC58＋955	12.1861	1.6	34
2018/10/25 20：00	GDXC58＋955	12.1832	1.7	36.9

续表

时间	测点编号	下台阶收敛（m）	变形（mm）	累计（mm）
2018/10/26 21：00	GDXC58+955	12.1811	0.8	39.0
2018/10/27 21：00	GDXC58+955	12.1782	1.4	41.9
2018/10/28 21：00	GDXC58+955	12.1811	−0.9	39.0
2018/10/29 20：00	GDXC58+955	12.1811	−0.3	39.0
2018/10/30 20：00	GDXC58+955	12.1812	−0.6	38.9
2018/10/31 21：00	GDXC58+955	12.1785	0.6	41.6
2018/11/1 22：00	GDXC58+955	12.1785	0.7	41.6
2018/11/2 22：00	GDXC58+955	12.1785	−1.1	41.6
2018/11/3 21：00	GDXC58+955	12.1742	0.6	45.9
2018/11/4 21：30	GDXC58+955	12.1727	−1.1	47.4
2018/11/5 15：00	GDXC58+955	12.1716	1.1	48.5
2018/11/6 15：00	GDXC58+955	12.1709	0.7	49.2
2018/11/7 13：00	GDXC58+955	12.1692	1.7	50.9
2018/11/8 17：00	GDXC58+955	12.1667	2.5	53.4
2018/11/9 10：00	GDXC58+955	12.1652	1.5	54.9
2018/11/10 8：00	GDXC58+955	12.1641	1.1	56.0
2018/11/11 12：00	GDXC58+955	12.1629	1.2	57.2
2018/11/12 12：00	GDXC58+955	12.1600	2.9	60.1
2018/11/13 12：00	GDXC58+955	12.1605	−0.5	59.6
2018/11/14 14：00	GDXC58+955	12.1598	0.7	60.3

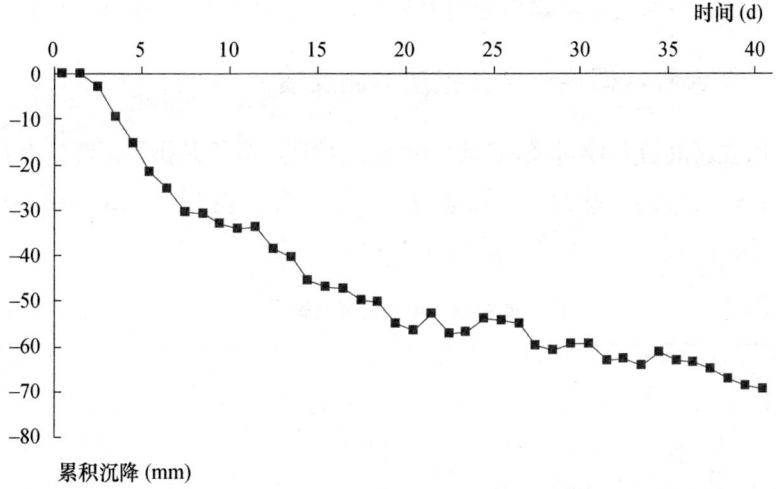

图 5-10　拱顶沉降变化曲线

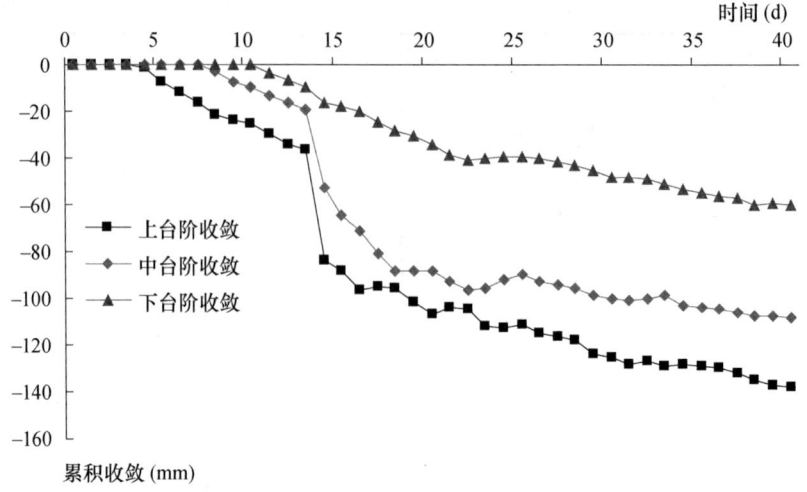

图 5-11 上、中、下台阶收敛变化曲线

由表 5-14、图 5-10 可知，自 10 月 5 日至 11 月 14 日，隧道拱顶沉降单日最大值出现在 10 月 6 日，为 3.6mm。监测期间拱顶沉降持续增加，累积沉降为 69.5mm，仍无收敛趋势。

由表 5-15～表 5-17、图 5-11 可知，自 10 月 5 日至 11 月 14 日，上、中、下台阶水平收敛最大日变形量分别出现在 10 月 20 日、10 月 22 日、10 月 22 日，分别为 4.5mm、9.3mm 和 3.0mm。监测期间三台阶水平收敛持续增加，上、中、下台阶水平收敛累积分别为 137.8mm、108.2mm 和 60.3mm。

5.2.2 两台阶带仰拱一次开挖法监测反馈

提取立新隧道 D1K65+315 断面的监测数据，分析其拱顶沉降、上台阶收敛、下台阶收敛的变化规律，如表 5-18、表 5-19、表 5-20、图 5-12、图 5-13 所示。

表 5-18 拱顶沉降监测表

观测日期	测点编号	拱顶沉降（m）	变形（mm）	累积（mm）
2018/11/10 10：00	GDXC65+315	1252.2408	7.3	17.1
2018/11/10 20：00	GDXC65+315	1252.2412	−0.4	16.7
2018/11/11 13：00	GDXC65+315	1252.2380	3.2	19.9
2018/11/11 21：00	GDXC65+315	1252.2364	1.6	21.5

第5章 监测方案及数据反馈分析

续表

观测日期	测点编号	拱顶沉降（m）	变形（mm）	累积（mm）
2018/11/12 11：00	GDXC65+315	1252.2334	3.0	24.5
2018/11/12 20：00	GDXC65+315	1252.2302	3.2	27.7
2018/11/13 13：00	GDXC65+315	1252.2304	−0.2	27.5
2018/11/13 21：00	GDXC65+315	1252.2287	1.7	29.2
2018/11/14 14：00	GDXC65+315	1252.2273	1.4	30.6
2018/11/14 21：00	GDXC65+315	1252.2251	2.2	32.8

表 5-19 上台阶收敛监测表

观测日期	测点编号	上台阶收敛（m）	变形（mm）	累积（mm）
2018/11/10 10：00	ZBSL65+315-1	12.0754	破坏	76.8
2018/11/10 20：00	ZBSL65+315-1	12.0726	2.8	79.6
2018/11/11 13：00	ZBSL65+315-1	12.0709	1.7	81.3
2018/11/11 21：00	ZBSL65+315-1	12.0700	0.9	82.2
2018/11/12 11：00	ZBSL65+315-1	12.0536	16.4	98.6
2018/11/12 20：00	ZBSL65+315-1	12.0512	2.4	101.0
2018/11/13 13：00	ZBSL65+315-1	12.0144	破坏	101.0
2018/11/13 21：00	ZBSL65+315-1	12.0118	2.6	103.6
2018/11/14 14：00	ZBSL65+315-1	12.0162	−4.4	99.2
2018/11/14 21：00	ZBSL65+315-1	12.0154	0.8	100.0

表 5-20 下台阶收敛监测表

观测日期	测点编号	下台阶收敛（m）	变形（mm）	累积（mm）
2018/11/10 10：00	ZBSL65+315-2	13.4163	初测	0.0
2018/11/10 20：00	ZBSL65+315-2	13.4130	3.3	3.3
2018/11/11 13：00	ZBSL65+315-2	13.3952	17.8	21.1
2018/11/11 21：00	ZBSL65+315-2	13.3912	4.0	25.1
2018/11/12 11：00	ZBSL65+315-2	13.3575	破坏	25.1
2018/11/12 20：00	ZBSL65+315-2	13.3545	3.0	28.1
2018/11/13 13：00	ZBSL65+315-2	13.3395	15.0	43.1
2018/11/13 21：00	ZBSL65+315-2	13.3364	3.1	46.2
2018/11/14 14：00	ZBSL65+315-2	13.3260	10.4	56.6
2018/11/14 21：00	ZBSL65+315-2	13.3205	5.5	62.1

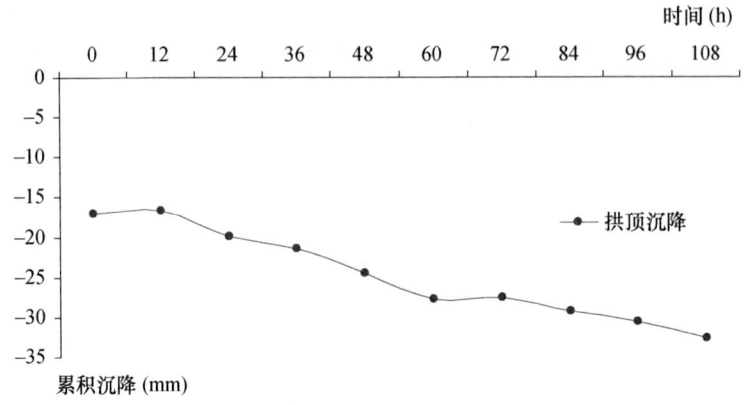

图 5-12　拱顶沉降变化曲线

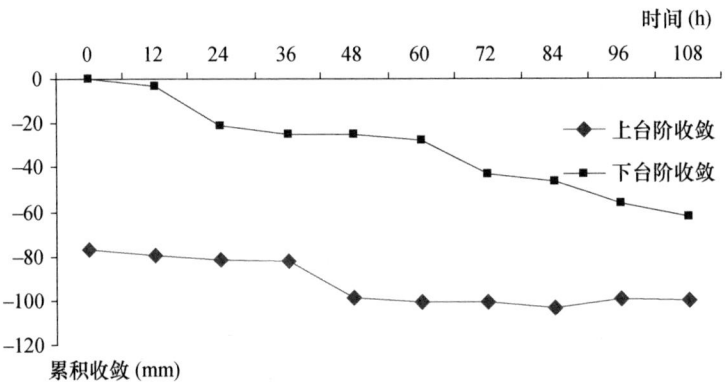

图 5-13　上、下台阶收敛变化曲线

由表 5-18、图 5-12 可知，自 11 月 10 日至 11 月 14 日，隧道拱顶沉降单日最大值出现在 11 月 10 日上午，为 7.3mm。监测期间拱顶沉降持续增加，累积沉降为 32.8mm。

由表 5-19、表 5-20、图 5-13 可知，自 11 月 10 日至 11 月 14 日，隧道上、下台阶水平收敛最大日变形量分别出现在 12 日上午和 11 日下午，分别为 16.4mm 和 17.8mm。监测期间两台阶水平收敛持续增加，上、下台阶水平收敛累积分别为 100mm 和 62.1mm。

5.2.3　全断面带仰拱一次开挖法监测反馈

提取立新隧道 D1K65+305 断面的监测数据，分析其拱顶沉降、边墙收敛的变化规律，如图 5-14、图 5-15、表 5-21、表 5-22 所示。

第5章 监测方案及数据反馈分析

表 5-21 拱顶沉降监测表

观测日期	测点编号	拱顶读数（m）	变形（mm）	累积（mm）
2018/11/10 10：00	GDXC65＋305	1252.4856	初测	0.0
2018/11/10 20：00	GDXC65＋305	1252.4816	4.0	4.0
2018/11/11 13：00	GDXC65＋305	1252.5242	破坏	4.0
2018/11/11 21：00	GDXC65＋305	1252.5216	2.6	6.6
2018/11/12 11：00	GDXC65＋305	1252.5131	8.5	15.1
2018/11/12 20：00	GDXC65＋305	1252.5101	3.0	18.1
2018/11/13 13：00	GDXC65＋305	1252.5130	−2.9	15.2
2018/11/13 21：00	GDXC65＋305	1252.5117	1.3	16.5
2018/11/14 14：00	GDXC65＋305	1252.5117	0.0	16.5
2018/11/14 21：00	GDXC65＋305	1252.5105	1.2	17.7

表 5-22 边墙收敛监测表

观测日期	测线编号	收敛读数（m）	变形（mm）	累积（mm）
2018/11/10 10：00	ZBSL65＋305-1	11.3307	初测	0.0
2018/11/10 20：00	ZBSL65＋305-1	11.3275	3.2	3.2
2018/11/11 13：00	ZBSL65＋305-1	11.3172	10.3	13.5
2018/11/11 21：00	ZBSL65＋305-1	11.3131	4.1	17.6
2018/11/12 11：00	ZBSL65＋305-1	11.3023	10.8	28.4
2018/11/12 20：00	ZBSL65＋305-1	11.2978	4.5	32.9
2018/11/13 13：00	ZBSL65＋305-1	11.2948	3.0	35.9
2018/11/13 21：00	ZBSL65＋305-1	11.2920	2.8	38.7
2018/11/14 14：00	ZBSL65＋305-1	11.2878	4.2	42.9
2018/11/14 21：00	ZBSL65＋305-1	11.2844	3.4	46.3

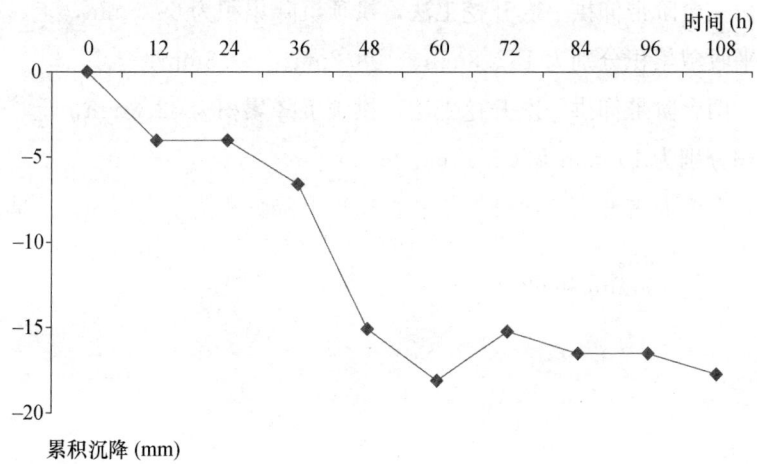

图 5-14 拱顶沉降变化曲线

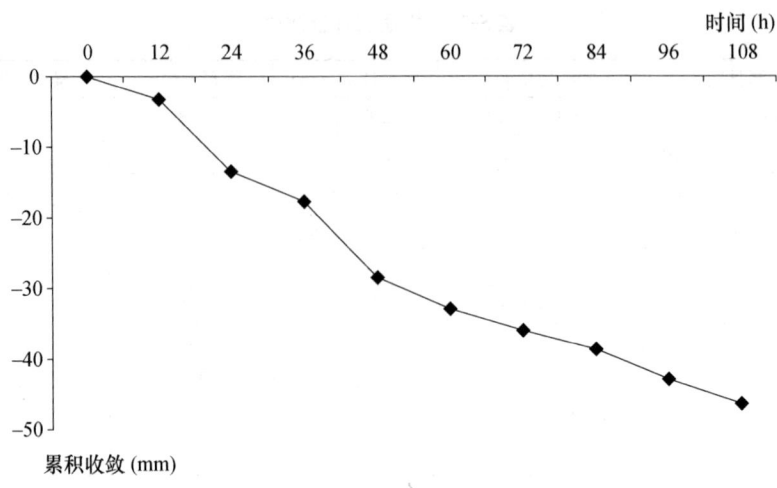

图 5-15 边墙收敛变化曲线

由表 5-21、图 5-14 可知，自 11 月 10 日至 11 月 14 日，隧道拱顶沉降单日最大值出现在 11 月 12 日，为 8.5mm。监测期间拱顶沉降持续增加，累积沉降为 17.7mm。

由表 5-22、图 5-15 可知，自 11 月 10 日至 11 月 14 日，隧道边墙水平收敛最大日变形量出现在 12 日上午，为 10.8mm。监测期间边墙水平收敛持续增加，累积为 46.3mm。

5.3 本章小结

（1）三台阶带仰拱一次开挖工法，拱顶沉降累积为 69.5mm，上、中、下台阶水平收敛累积分别为 137.8mm、108.2mm、60.3mm。

（2）两台阶带仰拱一次开挖工法，拱顶沉降累积为 32.8mm，上、下水平收敛累积分别为 100mm 和 62.1mm。

（3）全断面带仰拱一次开挖工法，拱顶沉降累积为 17.7mm，边墙水平收敛累积为 46.3mm。

第6章 整体配套移动栈桥设备优化设计

6.1 设计背景

目前隧道施工制约进度的瓶颈主要是仰拱施工,仰拱施工保证了隧道封闭成环,确保安全。根据以往的施工经验,仰拱施工一般采取简易施工栈桥,只有行车功能,而且两边无任何防护,对仰拱下面作业人员有一定安全风险。仰拱施工现均要求定型钢模板浇筑混凝土,两边的仰拱弧形模板和中心水沟模板常规采取挖机和装载机进行配合吊装定位关模,吊装模板时,其他车辆无法从栈桥通过,而且模板定位还需要大量的人员和定位钢筋,无形中增加投入,而且人工关模常容易出现定位不精确或跑偏、跑模现象,严重影响混凝土外观质量。为了有效提高隧道仰拱施工效率和质量,减少工序相互干扰,为此通过优化设计,研究了一种整体配套移动栈桥,该栈桥不仅解决了栈桥移动和施工工序相互干扰的问题,而且快速施工仰拱、中心水沟和填充混凝土浇筑。该栈桥结构安全可靠,移动方便,定位关模快速,节约劳动力、物力和机械使用,效果良好。

6.2 整体配套移动栈桥的结构原理

隧道整体配套移动栈桥是集行车、仰拱弧形边模板、仰拱端头模板、中心水沟模板为一体的自行式的施工仰拱栈桥。该栈桥特点是仰拱填充施作效率高、一次性成型、混凝土外观质量好,止水带安装顺直。

结构原理:该栈桥主要组成有单车道栈桥钢结构主体、前后引桥、仰拱弧形模板及支撑、仰拱端头模板、中心水沟模板、履带式行走系统、液压升降系统、混凝土梭槽、止水带定位器等。栈桥主体采取型钢拼焊、桥面铺焊防滑钢板。仰拱弧形模板通过伸缩液压油缸定位。中心水沟采用伸缩式定型模板，方便脱模。端头采用提升式定型模板。行走为履带式系统，可 360°旋转。如图 6-1～图 6-3 所示。

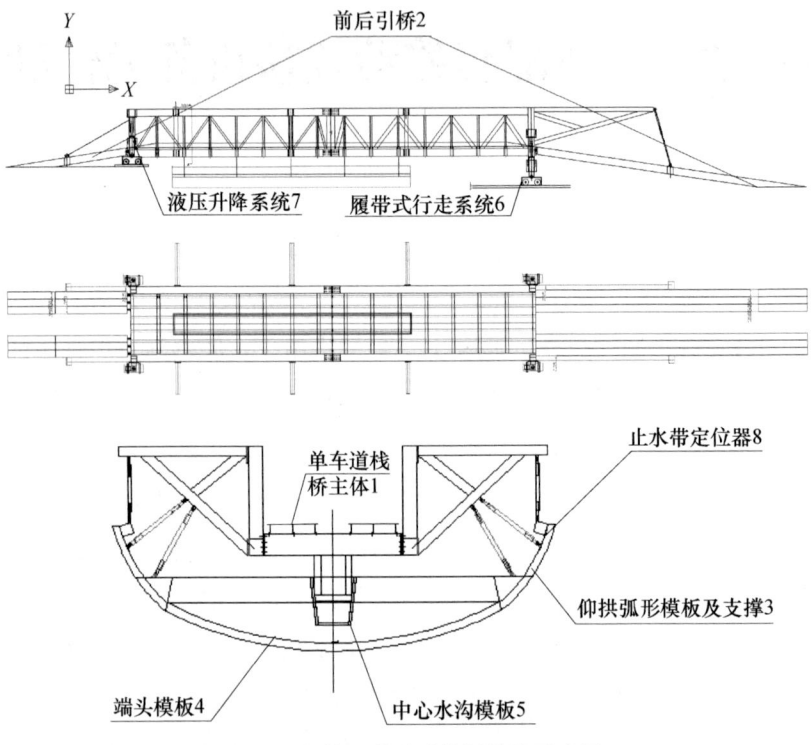

图 6-1 整体配套移动栈桥结构示意图

图 6-2 整体配套移动栈桥——实物（1）

图 6-3 整体配套移动栈桥——实物（2）

6.3 整体配套移动栈桥的设计参数

整体配套移动栈桥由单车道桥身、前后引桥、仰拱弧形模板及支撑、仰拱端头模板、中心水沟模板、履带式行走系统、混凝土振动梁、液压升降系统、混凝土梭槽、止水带定位器等组成。栈桥总重约 55t，总长 30m，栈桥主体长 20m，前引桥 6.5m，后引桥 3.5m，采取工 400 拼焊、桥面总宽 3.4m，单边桥面 1.2m，中间间隔 1m，铺焊 6mm 防滑钢板，桥面纵梁和横穿梁采用工 400 焊接。前行走为履带式系统，载重能力达 50t，可 360°旋转。详见表 6-1。

表 6-1 技术及结构参数

序号	名称	规格
1	有效衬砌长度	12m/循环
2	最大高度	3492mm
3	宽度	4250mm
4	长度	31800mm
5	有效行车宽度	3400mm
6	载重	50t
7	液压泵型号	柱塞泵 22mL/r
8	泵电机功率	15kW

续表

序号	名称	规格
9	液压系统额定压力	22MPa
10	主桥升降油缸行程	300mm
11	坡桥升降油缸行程	500~1000mm
12	驱动方式	履带液压马达驱动
13	栈桥行走速度	3m/min

仰拱栈桥的主要结构特点：

该栈桥能满足工地提供的断面行车要求。

该栈桥主要由前引桥、后引桥、桥身、弧形模板、中心水沟模板、液压系统和履带行走机构等几大部分组成。

桥身直接承载着轮胎踏面，是栈桥的主要受力部件，由优质钢材拼焊而成。

前引桥后端通过销子铰接在桥身上，前引桥前端搭接在虚碴路面上，形成坡度过渡虚碴路面和栈桥踏面的高度差，前引桥和桥身支腿间有油缸连接。

后引桥前端通过销子铰接在桥身上，后引桥后端搭接在混凝土路面上形成坡度过渡混凝土路面和栈桥踏面的高度差，后引桥和桥身间有油缸连接。

行走系统采用50t履带式液压驱动行走，栈桥通车状态下履带式驱动行走不受力。从动行走机构采用注胶钢轮。

液压系统由电机、柱塞油泵、多路阀、前引桥起升油缸、后引桥起升油缸、前坡桥起升油缸、后坡桥起升油缸、管路和辅件组成，主要为栈桥的行走和前后桥升降提供动力，完成栈桥的移动功能。

仰拱弧形模板通过伸缩液压油缸定位，丝杆辅助固定。

中心水沟采用有倒角的倒梯形的定型模板，方便脱模。

端头采用提升式定型模板。

6.4 整体配套移动栈桥的受力验算

6.4.1 设计概况

本栈桥为隧道施工而设计，是隧道施工过程中衬砌仰拱施工的同时保证隧道内施工车辆正常通行的专用设备，在隧道快速施工中发挥着举足轻重的作用。

栈桥安装调试完毕，整个栈桥依靠主梁两端支撑座传力到预先灌筑好的仰拱底面和前端开挖面上。该仰拱栈桥适用于玉磨铁路仰拱衬砌，栈桥形成道宽3400mm，仰拱衬砌长度12m，栈桥通过渣土车按照50t计算。

履带自行式移动栈桥的主视图如图6-4所示，栈桥前后支点的中心距离为20m，当车辆通过栈桥时，主梁为主要受力部件，因此只需对主梁进行强度校核。

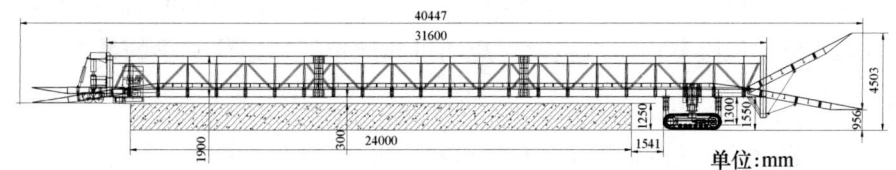

图6-4　栈桥主视图

6.4.2　主梁强度校核

主梁是栈桥的主要受力部件，在最大受力状态时其需要承受的质量包括：

① 载荷 a：允许通过最大车辆质量 $P=50$t；按 $1\text{kgf}\approx10\text{N}$ 折算，最大重力为 $F=5\times10^2\text{kN}$。

② 载荷 b：主梁本身总质量 $G=55$t；按 $1\text{kgf}\approx10\text{N}$ 折算，总重力 $G=5.5\times10^2\text{kN}$。

其中，载荷 a 简化为集中载荷，集中载荷 $F=5\times10^2\text{kN}$；载荷 b 简化为均布载荷，均布载荷集度：$q=b/L=5.5\times10^2/20=27.5$（kN/m）。其中，$L$ 为针梁受力模型两支点间距离。

当允许通过的最重车辆，也就是载荷 b 处于栈桥主梁中间时，栈桥此时为最大受力状态，其受力简图和弯矩图如图6-5～图6-6所示。

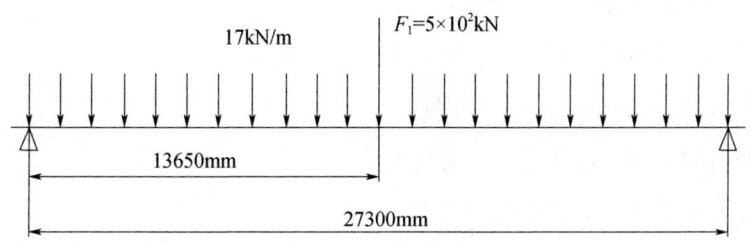

图6-5　主梁受力简图

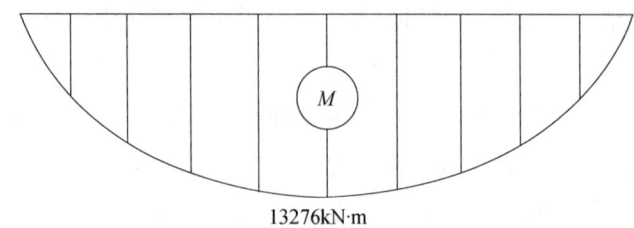

图 6-6　主梁受力弯矩图

由主梁弯矩图可以看出，主梁最大弯矩发生在主梁的中间部位，此截面也就是主梁的危险截面。由主梁弯矩图可知此位置弯矩为主梁的最大弯矩：$M_{max}=10500\mathrm{kN \cdot m}$；

假设主梁截面为等截面梁，计算得其抗弯系数 $W=90667\mathrm{cm}^3$；

则此截面的弯曲应力应为：

$$\sigma = M_{max}/W = 10500000/90667 = 115.81\mathrm{MPa}$$

主梁所用材料为 Q235，其极限应力 $\sigma_s=235\mathrm{MPa}$，取其安全系数 $n_s=1.8$，则其许用应力 $[\sigma]=\sigma_s/n_s=130\mathrm{MPa}$；

因为 $\sigma < [\sigma]$，

故主梁是满足强度要求的。

6.4.3　横梁端板连接螺栓强度计算

假设横梁横向设计为四榀横梁连接成为一个整体，每个端部共设计有 12 个 M20 螺栓，根据栈桥承受集中载荷为 50t，整均分到每个螺栓上承受的剪切力为：$T=5\times 10^2/(12\times 4)=10.4\mathrm{kN}$；

假设：螺栓残余预紧力系数 $K=1.6$，螺栓机械性能等级为 8.8 级，螺栓相对刚度 $\lambda=0.25$，经查表可知：螺栓屈服强度 $\sigma_s=640\mathrm{MPa}$，取安全系数 $S_{s1}=3$，则：螺栓许用应力 $[\sigma]=213\mathrm{MPa}$；

螺栓承受总载荷：$F_0=10.4\times(1.6+1)=27.1\mathrm{kN}$；

螺栓计算应力：$\sigma_p=55.00\mathrm{MPa}$；

校核计算结果：$\sigma_p \leqslant [\sigma]$，满足要求。

应选用的螺栓：螺栓公称尺寸为 M20。

经过上述计算，其强度完全能够满足使用要求。

6.5　整体配套移动栈桥的施工工艺

整体配套移动栈桥仰拱施工工艺流程图如图 6-7 所示。

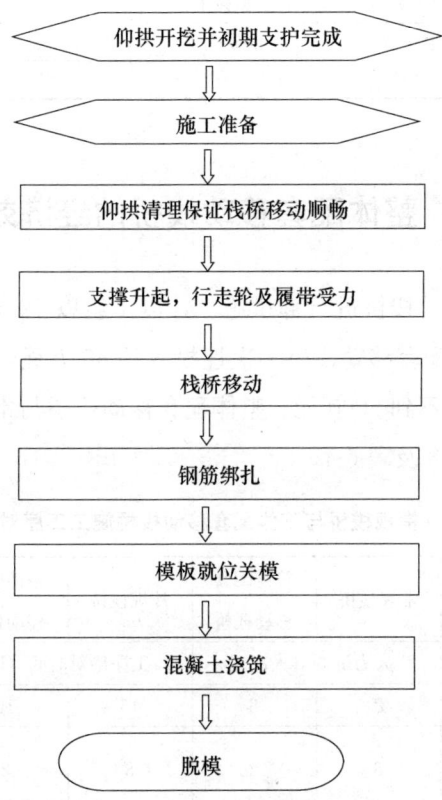

图 6-7　整体配套移动栈桥仰拱施工工艺流程图

施工工艺要点：

栈桥定位要通过中心水沟模板初步确定栈桥定位，然后通过微调，确定中线。两边弧形模板可根据实际情况由油缸进行调整。

混凝土浇筑要做到分层浇筑，仰拱施工时高边墙弧形模板和仰拱腹模进行关模浇筑仰拱混凝土，初凝后，腹模和弧形模板提升，继续浇筑填充混凝土。

6.6　整体配套移动栈桥的作业组织

整体配套移动栈桥仰拱施工需成立专业仰拱施工班组（表 6-2）。

表6-2 整体配套移动栈桥仰拱施工作业组织

序号	工作内容	人员组成	人数	备注
1	栈桥移动就位	模板工	2	兼职
2	钢筋绑扎	钢筋工	8	—
3	模板关模	模板工	2	兼职
4	混凝土浇筑	混凝土工	3	兼职
5	合计	—	12	—

6.7 整体配套移动栈桥的经济效果

采用整体配套移动栈桥进行仰拱施工，以1组以12m为例，工序施工实际时间约42h。整体配套移动栈桥一次性投入约45万元，日常保养材料消耗较少，平均每月消耗不到5000元。整体配套移动栈桥与常规栈桥施工工序及经济效果对比见表6-3及表6-4。

表6-3 常规栈桥与整体配套移动栈桥施工工序对比表

序号	施工工序	常规栈桥	整体配套移动栈桥	常规栈桥	整体配套移动栈桥	备注
		人力资源（人次）		工序绝对时间（h）		
1	仰拱钢筋铺设	8	8	16	16	—
2	模板定位	8	2	8	2	常规栈桥需1台挖机辅助
3	仰拱混凝土浇筑	6	3	5	4	—
4	仰拱混凝土初凝时间	0	0	3	3	
5	仰拱弧形模板脱模	4	2	2	0.5	常规栈桥需1台挖机辅助
6	填充端头模板、中心水沟模板定位	4	0	6	0	—
7	填充混凝土浇筑	4	3	5	4	
8	等强	0	0	12	12	
9	脱模	4	2	5	0.5	
	合计	综合22人	综合12人	60	42	
	对比	节约人工10人		节约16h		

表6-4 整体配套移动栈桥与常规栈桥经济效果对比

序号	工耗	常规栈桥	整体配套移动栈桥	总费用差	备注
1	工效比较	按每个分部月现场经费55.3万元预计,按3个隧道工作面分摊单个隧道工作面分摊现场经费成本约为18万元/月;临时设施摊销总金额474.2万元预计,按30个月核算每月摊销成本15.8万元;每月机械固定费用及周转材料摊销金额约为15万元;按单隧道工作面施工1600m预计,因仰拱施工进度是制约全隧均衡生产的关键工序,按Ⅲ、Ⅳ、Ⅴ级围岩平均综合进度指标为80m预计。按常规栈桥组织施工,约需20个月完成。按整体配套移动栈桥,平均进度指标为95m/月,约需17个月完成。与常规栈桥施工工法相比,压缩工期约3个月		3×(18.43+15.8+15)=147.69万元	按单隧道工作面施工1600m预计
2	人工费	22人×5500元/月=12.1万元	12人×7000元/月=7万元	12.1×20-8.4×17=99.2万元	—
		配22名工人,工资标准按5500元/月,工期20月	配12名工人,工资标准按7000元/月,工期17月	—	—
3	定位钢筋材料费	(0.8×7×5×2+2×2×5)×2.98/12=19kg/延米	0(kg)	19×3×1600=9.12万元	钢材按3000元/t计,正洞单工作面1.6km
		固定长度12m的仰拱弧形模板,按照每2m一个加固支撑点考虑,仰拱厚度按0.5m考虑,左右支撑点采用0.8m长的3根φ22mm钢筋,抗上浮及抗向中线方向跑模左右支撑点采用0.8m长的4根φ22mm钢筋;固定长12m的中心水沟模板,每2m一个内支撑点,每点左右采用1m长的2根φ22mm钢筋。12m共计5个支撑点		—	—
4	栈桥加工成本	2套×12t/套×3500元/t=8.4万元	60t/套×4000元/t+320000元=66万元	(8.4-66)×0.85-5000×20=-55.22万元	按残值15%,20个月摊销
		配2套栈桥,12t/套(18m长的普通栈桥),钢材3000元/t,加工费按500元/t	配1套移动栈桥,60t/套,钢材3000元/t,加工按1000元/t,液压、丝杆及履带等辅助系统材料按32万元估算,日常维护按5000元/月	—	钢材按3000元/t计
	合计节约			200.79万元	—

6.8　本章小结

研发了一种整体配套移动栈桥,该栈桥不仅解决了栈桥移动和施工工序相互干扰的问题,而且快速施工仰拱、中心水沟和填充混凝土浇筑。该栈桥结构安全可靠、移动方便、定位关模快速、节约劳动力、物力和机械使用、经济效果良好。

第7章 研究结论

通过对玉磨铁路双线隧道带仰拱一次开挖及成套工装施工技术的系统研究，得到如下结论：

（1）板岩具有明显的层理结构，其抗拉强度在平行于层理面时较高，在垂直于层理面时较低，板岩隧道岩层发生滑落的最不利倾角介于45°至60°之间，板岩的破坏一般是渐进出现的，以掌子面的滑塌破坏形式为例，其破坏形式分为应力重分布作用下的层理破坏、重力作用下的块体滑落、掉块导致的大范围塌方三个阶段。

（2）干燥状态下，板岩的轴向和侧向都会发生瞬时应变与蠕变应变，瞬时应变对试件变形起绝对作用；随着含水率的增加，其轴向变形量和侧向变形量依次增加。

（3）在拱顶沉降控制方面，CRD法的拱顶位移值最小，其次为三台阶带仰拱一次开挖法，控制效果分别为21.64%、20.29%；在仰拱隆起控制方面，CD法的仰拱隆起值最小，其次为三台阶带仰拱一次开挖法，控制效果分别为21.64%、20.29%；三台阶带仰拱一次开挖法对上台阶收敛控制效果最优，为32.72%；三台阶法、三台阶带仰拱一次开挖法、CD法和CRD法中，三台阶带仰拱一次开挖法在支护完成阶段的最大主应力、最小主应力和最大剪切应力均为最小，且较传统三台阶法分别减小49.13%、12.23%和12.30%。综合计算结果及施工经济性考虑，三台阶带仰拱一次开挖法优于其他三种施工方案。

（4）两台阶带仰拱一次开挖法较传统两台阶法拱顶沉降最大值减小11.93%，仰拱隆起最大值减小8.95%、最大水平位移值减小8.60%；两台阶带仰拱一次开挖法下台阶收敛值较传统两台阶法有所减小，控制效果为13.92%。两台阶带仰拱一次开挖法支护完成时较传统两台阶法开挖阶段最大主应力减小22.22%、最小主应力减小15.38%、最大剪切应力减小15.17%。综上所述，两台阶带仰拱一次开挖法优于传统两台阶法。

（5）全断面带仰拱一次开挖法较传统全断面开挖法拱顶沉降最大值减小19.18%，仰拱隆起最大值减小8.95%，最大横向位移值减小15.28%；全断面带仰拱一次开挖法边墙收敛值较传统全断面开挖法有所减小，控制效果为19.31%。全断面带仰拱一次开挖法支护完成时较传统全断面开挖法开挖阶段最大主应力减小 18.03%、最小主应力减小 5.12%、最大剪切应力减小 8.77%。综上所述，全断面带仰拱一次开挖法优于传统全断面开挖法。

（6）三台阶带仰拱一次开挖工法，拱顶沉降累积为 69.5mm，上、中、下台阶水平收敛累积分别为 137.8mm、108.2mm、60.3mm；两台阶带仰拱一次开挖工法，拱顶沉降累积为 32.8mm，上、下水平收敛累积分别为 100mm 和 62.1mm；全断面带仰拱一次开挖工法，拱顶沉降累积为 17.7mm，边墙水平收敛累积为 46.3mm。

（7）研发了一种整体配套移动栈桥，该栈桥不仅解决了栈桥移动和施工工序相互干扰的问题，而且快速施工仰拱、中心水沟和填充混凝土浇筑。该栈桥结构安全可靠、移动方便、定位关模快速、节约劳动力、物力和机械使用、经济效果良好。

参考文献

[1] 涂瀚. 水平层状围岩隧道稳定性及破坏机理研究 [J]. 铁道工程学报, 2018, 35 (09): 75-79, 87.

[2] 左清军, 吴友银, 闫天玺. 特大断面板岩隧道施工期围岩变形时空效应分析 [J]. 防灾减灾工程学报, 2018, 38 (02): 233-243.

[3] 张卫霞. 板岩隧道顺层塌方分析及预防失稳措施研究 [J]. 隧道建设 (中英文), 2017, 37 (S2): 218-224.

[4] 骆建军, 陈保忠, 宋扬, 李祺. 碳化泥质板岩大断面隧道围岩松动圈测试研究 [J]. 地下空间与工程学报, 2017, 13 (04): 1047-1055.

[5] 冯迎军. 碳质板岩隧道塌方处理方案探讨 [J]. 现代隧道技术, 2014, 51 (02): 178-181, 187.

[6] 武建广, 刘晓翔, 王新文. 碳质板岩地层大断面隧道变形控制施工技术 [J]. 现代隧道技术, 2011, 48 (02): 68-72.

[7] 李庆松. 炭质板岩大断面隧道围岩稳定分析与控制技术 [D]. 北京: 北京交通大学, 2014.

[8] 许占良. 板岩地层超大断面隧道塌方处理对策 [J]. 铁道标准设计, 2013 (03): 102-106.

[9] 王云龙, 谭忠盛. 木寨岭板岩隧道塌方的结构失稳分析及预防措施研究 [J]. 岩土力学, 2012, 33 (S2): 263-268.

[10] 杜雁鹏. 软质板岩隧道大变形力学行为与控制技术研究 [D]. 长沙: 中南大学, 2011.

[11] 王维富. 炭质板岩地层隧道施工要点及大变形防治措施 [J]. 隧道建设, 2010, 30 (06): 697-700.

[12] 杜耀辉. 炭质板岩大变形隧道结构受力特性及变形控制技术研究 [D]. 西安: 长安大学, 2017.

[13] 杨生伟. 板岩地层客运专线大断面隧道施工安全控制关键技术研究 [D]. 石家庄: 石家庄铁道大学, 2016.

[14] 王锦华. 炭质板岩隧道大变形及施工工法研究 [D]. 北京: 北京交通大学, 2014.

[15] 邵广宁. 高地应力下板岩隧道施工工法探讨 [J]. 兰州交通大学学报,

2014，33（01）：83-86.

[16] 李志平，韩现民. 关角隧道碳质板岩段洞室支护体系综合评价指标研究[J]. 隧道建设，2015，35（03）：220-226.

[17] 包宏涛. 深埋板岩隧洞围岩力学特性研究[D]. 武汉：中国科学院研究生院（武汉岩土力学研究所），2007.

[18] 李其帅，杨会杰，周欣. 高速铁路隧道板岩膨胀特性及机理研究[J]. 科学技术与工程，2014，14（27）：112-115，121.

[19] 王建军. 兰渝铁路三叠系板岩隧道变形机理与围岩分级预报探究[J]. 现代隧道技术，2013，50（02）：79-83.

[20] 刘宇峰，徐建华. 水平层状薄层板岩隧道坍塌失稳机理分析及处治[J]. 中外公路，2012，32（04）：228-230.

[21] 赵少强，林安宁，闫小军. 哈达铺隧道直立板岩大变形分析及控制施工技术[J]. 现代隧道技术，2011，48（02）：73-77.

[22] 高春玉，徐进，李忠洪，等. 雪峰山隧道砂板岩各向异性力学特性的试验研究[J]. 岩土力学，2011，32（05）：1360-1364.

[23] 张波. 木寨岭隧道板岩变形机理研究[J]. 铁道建筑，2014（05）：57-59.

[24] 赵伟平，张志坚，杨国栋. 张坪隧道软弱碳质板岩段支护参数调整及施工处治分析[J]. 公路，2014，59（09）：161-164.

[25] 张良刚. 特大断面板岩隧道围岩变形特征及控制技术研究[D]. 武汉：中国地质大学，2014.

[26] 任少强. 兰新高铁碎屑流及薄层板岩隧道施工变形控制技术[D]. 北京：北京交通大学，2015.

[27] 刘小军. 浅变质碎裂围岩蠕变特性研究及其在隧道洞口工程中的应用[D]. 重庆：重庆大学，2011.

[28] 王云龙. 板岩隧道围岩变形破坏机制及稳定性控制方法研究[D]. 北京：北京交通大学，2013.

[29] 王更峰. 炭质板岩蠕变特性研究及其在隧道变形控制中的应用[D]. 重庆：重庆大学，2012.